LIOBANI

Ich erzähle – hörst Du zu?

LIOBANI

ICH ERZÄHLE HÖRST DU ZU?

Aufklärung und wahre Erzählung
von unserer Göttlichen Schwester
LIOBANI
aus dem Reich Gottes

für Kinder vom 1. Lebenstag
bis zum 6. Lebensjahr

Auch für Erwachsene sehr lehrreich

Universelles Leben
Die Innere Religion, die Weltreligion,
und das Weltreich Jesu Christi

CIP-Kurztitelaufnahme der Deutschen Bibliothek
Liobani : Ich erzähle – hörst Du zu? ; Aufklärung u. wahre Erzählung von unserer Göttl. Schwester Liobani aus d. Reich Gottes ; für Kinder vom 1. Lebenstag bis zum 6. Lebensjahr. Auch für Erwachsene sehr lehrreich / Universelles Leben. – 1. Aufl. – Würzburg : Universelles Leben, 1986.
ISBN 3-926056-03-7

1. Auflage: September 1986

Postfach 5643, D-8700 Würzburg

Satz und Druck: Druckerei Joh. Walch, Augsburg

ISBN 3-926056-03-7

Das Wort Gottes an uns,

offenbart durch Liobani,
unsere Göttliche Schwester
aus dem Reich Gottes.

Gegeben durch die
Prophetin des Herrn,
G. W.

INHALT

VORWORT

Liobani, ein reines Geistwesen der Himmel, erzählt ihren kleinen Geschwistern im Erdenkleid von der ewigen Heimat, vom Himmlischen Vater, der die Liebe ist – dessen Liebe alle Seinsformen durchströmt und der ihnen darum auch nahe ist in jedem Stein, jeder Pflanze, jedem Tier und jedem Menschen.

Liebevoll belehrt sie die Kleinen, wie sie bewußt mit den göttlich-geistigen Kräften in Austausch treten können, wie sie durch rechtes Schauen, durch rechtes Empfinden, Denken und Handeln in ein erfülltes, wahres geistiges Leben hineinwachsen inmitten der materiellen Welt.

Wir sehen allgemein im Kind vorwiegend den unfertigen, anfangs noch hilflosen und scheinbar unverständigen Menschen. Doch: Mag es auch erst wenige Tage alt sein – seine wache Seele nimmt über die Schwingung, über die Empfindung, alles wahr, was in seiner Umgebung gedacht, gesprochen und getan wird.

Die Seele birgt das göttlich lichte Wesen, das hohe Bewußtsein ihres geistigen Ursprungs. Die Offenbarungsworte mit dem seit Ewigkeit vertrauten Klang, dem vertrauten Sinngehalt, bringen im Kind tief im Inneren der Seele Saiten zum Schwingen. Es erinnert sich, es schaut, es vernimmt, es erlebt bewußt das geistige Weben und Leben.

Eltern werden oftmals staunen, da so manches Kind aus sich heraus Details beitragen kann zur Schilderung der geistigen Realitäten, die dem physischen menschlichen Auge nicht sichtbar sind. In den ganz jungen Erdenbürgern ist noch manches lebendig. Was uns Erwachsene eventuell wie ein Märchenreich anmutet – die Kinder sind dieser Realität näher als wir, und sie leben, wenn wir ihnen nicht früh unser Programm des Nur-Menschlichen aufprägen, bewußt zugleich hier und dort.

Unser Kind nimmt von dem geistigen Gut, von der geistigen Aufklärung und Belehrung, jeweils das auf, wessen Seele und Mensch augenblicklich bedürfen.

Wir sollten mit ihm über das Gehörte sprechen. Dabei sollten wir beachten, was unser Kind bewegt. Wir sollten auf seine Erlebniswelt eingehen, über die wir durch seine Bemerkungen und Fragen Hinweise erhalten.

Aus der Fülle des göttlichen Seins, die die materielle Realität durchdringt, erschließen sich ihm immer wieder andere Aspekte, wenn wir die Schilderungen aus dem geistigen Reich wiederholt vorlesen. Jedes Mal nimmt das Kind aus dem Dargebotenen andere Nahrung, andere Impulse für sein seelisch-geistiges Wachstum auf.

Der Himmel ist nicht fern von uns. Er ist in und um uns. Unsere Kinder brauchen nicht mühevoll das geistige Leben wiederzuentdecken und sich wieder zu erarbeiten, wenn wir ihnen in ihren ersten Jahren den Blick für das Wahre und Wesentliche nicht trüben oder verschließen. So können sie wie selbstverständlich hineinwachsen in das Universelle Leben, in die tragende Einheit der Liebe mit allem Sein.

Auch denen unter uns, die schon viele Jahre inkarniert sind, also den Erwachsenen, wird die Offenbarung des Engels Liobani durch die Prophetin des Herrn zur Freude und zum geistigen Gewinn gereichen.

Die Christusfreunde
Würzburg, im Mai 1986

LIOBANI

ICH ERZÄHLE HÖRST DU ZU?

FÜR DIE ELTERN

Die Kinder im Universellen Leben werden bewußte kosmische Kinder sein, die mit allen Menschen, Wesen und Lebensformen in Einheit und Frieden leben.

Durch Offenbarung gibt eure göttliche Schwester Liobani, ein Geistwesen der Himmel, den Eltern und den Kindern dieser Welt Aufklärung über die wahre Heimat und über das kosmische Leben, über die Allweisheit und das Allwalten Gottes.

Zugleich ist diese Offenbarung auch eine wahre Erzählung aus dem Reich des Friedens und der Liebe für Eltern und Kinder.

Liobani, unsere Schwester der Himmel, offenbarte:

Liebe Eltern!

Erzieht eure Kinder im Bewußtsein, daß Gott das Leben ist. Unterweist eure Kinder, daß Gott alles in allem ist, daß ohne Gott nichts sein kann, daß Gott, das Leben, in allem wirkt.

Wer so denkt und lebt, der lebt allbewußt.

Erzieht eure Kinder universell, nicht im Parzellendenken des Mein und Dein, sondern in dem Bewußtsein, daß jeder, der die Gesetze, die Liebe, verwirklicht, teilhat an der Fülle Gottes, daß er weder darben noch hungern muß. Der Geist, Gott, hat Seinen Kindern, die Er geschaffen hat, alles geschenkt, was Er selbst besitzt: die All-Einheit der Ganzheit.

Liebe Eltern, klärt eure Kleinen über das All-Leben auf: daß auch Tiere, Pflanzen und Steine bewußt leben und empfinden. Damit dem Menschen seine Herkunft wieder bewußt wird, belehre ich sowohl die Großen, die Erwachsenen, wie auch die Kleinen, die Kinder.

Alles, was lebt, kommt aus dem Ursprung, Gott. Es hat also das Göttliche in sich. Somit ist das Leben göttlich.

Das Leben ist Klang, Melodie. Alles, was lebt, Menschen, Tiere, Pflanzen und Steine klingen. Entsprechend ihrer geistigen Entwicklung und Reife ist auch die Melodie, ist der Klang, der sie prägt und der sie letztlich sind.

Ein harmonisch reiner Klang ist ein Ton im großen Universellen Orchester, Gott.

Der Geist, Gott, ist das allwaltende Gesetz. Das Gesetz ist strömende Energie. Gott ist das Leben.

Das Leben ist Melodie. Somit ist Gott, das ewige Gesetz, Klang, Melodie. Das Gesetz, Gott, ist die Sphärenmusik der Unendlichkeit.

Gott ist Unendlichkeit. Die Unendlichkeit ist Klang, ist das Orchester der Liebe und Weisheit Gottes. Gott *ist.* Somit ist Gott, das Gesetz, das Leben, Melodie und Klang in allen Lebensformen.

Jede Lebensform ist Geist aus Seinem Geiste und ein Ton im Orchester Gott.

Der Mensch ist nichts anderes als Energie, ein Energiebündel, das entsprechend seiner Denk- und Handlungsweise Töne aussendet. Die Gefühle, die Empfindungen, Gedanken, Worte und Neigungen des Menschen sind das Fluidum seiner Ausstrahlung, sind sein Klang.

Die göttlichen Melodien, jeder göttliche Klang, ist ein Ton oder eine Melodie im Universellen Orchester, Gott.

Die unreinen Töne, die Mißtöne, die das menschliche Ich, das Wollen, Sinnen und Trachten des Menschen, hervorbringt, werden vom Orchester, Gott, nicht aufgenommen. Unreine Töne bleiben im Gesetz von Ursache und Wirkung haften. Dort verstärken sie sich, je öfter der Mensch Gleiches und Ähnliches empfindet und denkt.

Die Mißtöne, die der Mensch schafft, sein eigenes Fluidum, kreisen wie Trabanten um ihn und versuchen bei jeder passenden Gelegenheit – dann, wenn er sich dem Trabanten, dem Mißton, gedanklich nähert oder von seinem Nächsten auf etwas Negatives aufmerksam gemacht wird – den Mißton in ihm zu verstärken.

Auch die Sinnesorgane können die Trabanten, die Mißtöne, immer wieder verstärken. Fällt z.B. der Blick auf ein Bild oder auf einen Menschen und ist der Betrachter davon gebannt, dann ist es möglich, daß die noch in ihm vorhandenen Entsprechungen, die Mißtöne, durch Gedanken verstärkt werden und eine Kette weiterer Gedanken auslösen.

Das gleiche gilt im positiven Sinne: Fällt der Blick der Menschen auf ein schönes, ausgewogenes, harmonisches Bild, wie z.B. auf eine Landschaft, oder bejaht der Mensch das Göttliche in seinem Nächsten, dann regt er in sich göttliche Symphonien an, die ihn stimulieren und harmonisieren.

Im kosmischen Sein sind nur die gefallenen und belasteten Wesen unrein, die Seelen, Menschen und Dämonen. Hingegen sind Geistwesen, Naturwesen, Tiere, Pflanzen und Steine unbelastet. Sie sind rein. Daher ist auch ihr Klang, die Bewußtseinsmelodie, rein.

Jeder reine Ton gehört zum großen Orchester der Natur. Die Töne der Naturreiche sind wiederum universell. Sie gehören zum Universellen Orchester, Gott, das alle reinen Töne vereint, die der reinen Geistwesen, der Naturwesen, der Tiere, Pflanzen, Steine und Gestirne.

Jeder Wassertropfen hat seinen speziellen Ton. In ihm ist die Zusammensetzung der Lebensformen unterschiedlich, daher ist auch der Klang der einzelnen Tropfen verschieden.

Alle unbelasteten Formen des Lebens sind also reiner Klang. Das Reine ist das Absolute. Alles in allem ist die Urmelodie, Gott, die Sphärenmusik.

Sämtliche Lebensformen sind also Schwingung.

Alles, was schwingt, hat seinen speziellen Rhythmus. Rhythmus ist wiederum Melodie.

Sowohl die Tiere als auch Pflanzen und Steine sind Empfindungs- und Wahrnehmungskörper. Sie empfinden die Kräfte des Alls. Sie nehmen diese wahr und leben in diesem Rhythmus.

Die materiellen Lebensformen registrieren aber auch die Schwingungen der Menschen. Sie registrieren deren Denken, Reden und Handeln.

Ist der Mensch naturverbunden, dann sendet die Natur – die Bäume, die Sträucher und Blumen, aber auch die Tiere – zarte Schwingungen zu den Menschen, die mit den Naturreichen gedanklich in Harmonie sind. Diese feinen Schwingungen aller Lebensformen sind göttliche Kräfte, die über die Aura eines Naturfreundes den Körper und die Seele kräftigen und den Betreffenden schwingungsmäßig anheben, sofern dieser in Gedanken und Handlungen ein geordnetes, gottgewolltes Leben führt.

Meine Freude ist groß, die Kleinsten und Kleinen dieser Welt, die jungen Erdenbürger, durch Aufklärung und wahre Erzählungen belehren zu dürfen.

FÜR DAS KIND VOM 1. LEBENSTAG BIS ZUM 3. LEBENSJAHR

Obwohl du, liebes Erdenkind, noch jung an Jahren bist – vielleicht bist du erst einen Tag alt oder schon mehrere Tage oder Monate, vielleicht schon drei Jahre – sollst du über deine Mutter, deinen Vater oder über deine größeren Geschwister oder Großeltern deine wahre Heimat kennenlernen.

Über Offenbarung spreche ich zu dir. Das geschieht dadurch, daß ein Mensch die Stimme Gottes hört. Gott nennt diesen Menschen Seine Prophetin. Durch diese deine Schwester, von Gott Prophetin genannt, übermittle ich dir, liebes Kind, und deinen Eltern im Wort – durch Aufklärung und Erzählung – die Schilderung der wahren Heimat derer, die im Menschenkleid über diese Erde wandeln.

Deine Familie, die dich liebt, wird dir diese Aufklärung und wahre Erzählung vorlesen. Nicht du, der Erdenbürger, der eventuell erst einen Tag, eine Woche, einen oder einige Monate alt ist oder schon ein, zwei, drei Jahre lang das Licht dieser Welt erblickt, kannst die Aufklärung und Erzählung erfassen und verstehen, sondern deine Seele ist es, die sich in deinen kleinen Menschen einverleibt hat. Sie kann mich verstehen und erhält dadurch ein Ahnen, daß sie nicht von dieser Welt ist.

Die Seele, *du* also, der Geistleib in deinem Körper, bist ein Bewohner der Himmel.

Einst bist du aus dem Paradies des reinen Seins der ewigen Heimat gegangen und hast deinen schönen, strahlenden geistigen Leib belastet. Ja, du hast ihn dadurch beschmutzt, daß du gegen die Gesetze des ewigen Reiches verstoßen hast. Du hast dich entweder durch negative Empfindungen verführen lassen oder bist als reines Wesen über die Seelenreiche zur Einverleibung gegangen, d.h. in einen Menschenkörper, um deinen Mitbrüdern und -schwestern zu helfen und zu dienen. Dort, auf der Materie, hast du dich dann belastet und deine Seele verschattet. Du hast ähnlich wie die Menschen gedacht, die gegen Gott sind, und hast dadurch deinen Strahlenkörper abgedeckt.

Liebes Kind, über die Belastungen und wie es dazu kam, will ich im einzelnen nicht zu dir sprechen. Ich möchte dich aufmuntern, Gottes Gesetze zu erfüllen, damit du wieder himmelwärts schauen und wandeln kannst.

Ich, deine Schwester aus dem Geiste, Liobani, möchte dir über deine irdischen Anverwandten Aufklärung geben und dir erzählen, daß du ein Kind unseres ewigen, herrlichen und liebevollen Vaters bist, daß Gott, dein und mein Vater, alle Seelen wieder bei sich im Reiche der Liebe, im Himmel, haben möchte. Denn dort gehören wir alle hin, auch du.

Du bist also ein Kind Gottes und bist von Gott, deinem Vater, geschaffen: rein, licht, strahlend und vollkommen, d.h. makellos, ohne Fehler.

Über die Fehler, die das Geistkind gemacht hat, wodurch es den Strahlenleib verschattet hat und deshalb in lichtärmeren Zonen leben muß, sprechen wir später.

Du sollst nun wissen, daß du als reines, göttliches Wesen einst wieder dort in deiner Heimat sein wirst, von wo du ausgegangen bist.

Habe Geduld! Was an dir haftet und nicht der himmlischen Ordnung entspricht – das ehemalige falsche Denken und Leben – darfst du durch die Gnade unseres allmächtigen Vaters in Christus, deinem Erlöser, wieder ablegen und durch Ihn, Christus, der das Heil deiner Seele ist, wieder ins Vaterhaus, in die ewige Heimat, zurückkehren.

Liebes Kind! Die reinen Wesen der Himmel werden von den Menschen auch Engel genannt. Das Wort „Engel“ bedeutet Reinheit, Frieden und Liebe.

Die Engel der Himmel werden von den Menschen oftmals auf Bildern mit Flügeln dargestellt. Die Flügel bedeuten Schnelligkeit.

Ist ein Engel als Beschützer bei den Menschen, also als Schutzgeist, dann bedeuten die Flügel auch Schutz für die Seele und den Menschen. Mit dieser Kraft, den Flügeln, welche die Ausstrahlung des Engels sind, hüllt der Schutzengel den Schützling liebevoll ein und führt ihn aus drohenden Gefahren heraus, wenn er unverschuldet in solche Situationen gerät.

Liebes Kind! Auch du warst einst ein Engel und wirst wieder ein Engel werden, wenn deine Seele, der dir innewohnende Geistleib, wieder rein und makellos geworden ist.

Du bist also hier auf Erden im Erdenkleid, um noch bestehende Schatten, die sich um deinen schönen, strahlenden Geistleib gelegt haben, in den Erdenjahren abzulegen.

Liebe Seele, die du dich nun im Säugling oder im Kleinkind befindest, einst warst du ein Engel und wirst wieder ein Engel werden.

Du bist aus den reinen Himmeln gekommen und hast, je nach Belastung, schon des öfteren eine menschliche Form, einen Menschenkörper, angenommen.

In den Erdenjahren hast du dich – je nachdem, wie du dachtest und gehandelt hast – mehr oder weniger verschattet.

Diese Verschattungen müssen Seele und Mensch durch die Kraft der Liebe unseres Vaters überwinden und so wieder licht und hell werden.

Als Engel hast du die ewigen Himmel verlassen und bist in lichtärmere Zonen eingetreten.

Von dem Augenblick an, als du die Himmel verlassen hast, wurde dir ein Lichtbote zur Seite gestellt. Er bleibt, auch wenn du Mensch bist, unsichtbar mit dir verbunden. Begibst du dich, also deine Seele, in ein Erdenkleid, verkörperst du dich, d.h. nimmst du die Menschenform an, dann bleibt das Geistwesen, dein Schutzgeist, an deiner Seite.

Der Schutzgeist weicht nicht von deiner Seite. Er bemüht sich, dir zu dienen und zu helfen. Er führt das aus, was Gott, unser Vater, ihm in sein göttliches Herz gelegt hat: Dich vor Unglück und Herzeleid zu bewahren, dich zur rechten Zeit zu ermahnen, wenn du gegen die Liebe deines Vaters verstößt, um dich so auf den rechten Weg zu führen und dort zu halten.

Der Schutzgeist bemüht sich, dir zu helfen, daß du ein brauchbarer Bürger dieser Erde wirst, der Menschen, Tiere, Pflanzen und Steine liebt, alles was die Erde an Leben trägt.

Dein Schutzengel beachtet jedoch das Gesetz des Vaters, das besagt, daß du den freien Willen hast.

Dein Schutzengel wird dir also seinen Willen niemals aufzwingen. Er wird dich liebevoll berühren und über das Gewissen sagen: „Kind, denke liebevoll! Sei gut zu deinen Geschwistern! Sei freundlich zu allen, denen du begegnest!“

Wenn du in einigen Jahren – wenn der Mensch unterscheiden kann, wenn dein menschlicher Leib Worte formen und Handlungen verstehen kann – nicht auf dein Gewissen hörst, dann veschattest du noch mehr deinen geistigen Leib. Dein Schutzgeist, der nahe an deiner Seite stand, wird einige Schritte zurückgehen, weil aus deinem Inneren Mißtöne erklingen, unschöne Empfindungen, die sodann zu Worten und Handlungen werden, die nicht göttlich sind, die nicht im Himmel gesprochen und getan werden.

Dein Schutzgeist nimmt die Mißtöne, die unschönen Worte und die lieblosen Handlungen nicht an, er tritt zurück, um diese nicht in seinen Geistleib aufzunehmen. Du hast gehört, daß der Schutzgeist rein ist und nichts Unreines annimmt.

Liebes Kind, du bist also auf der Erde, um die Mißtöne und gegensätzlichen Handlungen zu beseitigen und anstelle der unschönen Töne und Handlungen nun Töne der Liebe und des Friedens zu setzen, damit du bald auf der göttlichen Lebensbahn wandelst und in das große Orchester einstimmst, das von der Liebe und Weisheit Gottes kündet.

Liebes Kind, so spreche ich deine Seele an, denn diese versteht mich.

Dein Erdenkleid ist noch nicht so weit gediehen, daß es den Sinn der Worte verstehen kann, doch du, die Seele, nimmst aus den Worten den Sinn auf, also die Melodie, den Ton oder den Klang. Du umgibst dich damit und empfindest so, daß du nicht von dieser Welt bist, daß ich dir durch die Melodien, die in den Worten als Echo dir nahekommen, sage, daß du auf Erden bist, um die Schatten zu lösen, licht und rein zu empfinden, zu denken und zu leben.

Liebe Seele, so bist du im Erdenkleid noch in einem ungelenken Säugling oder Kleinkind, doch du verstehst, was ich dir sage. Im Erdenkleid sind dir Menschen zu Seite gestellt, die, wie du, einen Schutzgeist bei sich haben, der ihnen helfen und dienen möchte. Die Nächsten sind deine Eltern, die dein noch kleines Erdenkleid gezeugt und dir so ein Haus aus Fleisch und Bein ermöglicht haben.

Mit der Geburt deines Erdenkleides wirst du dieses allmählich beziehen und darin so lange Wohnung nehmen, bis du vom Ewigen, von Gott, deinem Vater, gerufen wirst, die Erde zu verlassen. Dann wirst du wieder als Seele in anderen Welten, die in der Strahlung feiner sind als die Erde, leben, oder wieder als Engel in das Reich Gottes zurückkehren, von woher du gekommen bist.

Liebe Seele im Kind, als Mensch wirst du Monika oder Peter genannt. Wie du auch von deinen Eltern genannt wirst, mit deinem jetzigen Namen möchte ich dich ansprechen.

Es ist aber auch möglich, daß deine Seele nun zum ersten Mal zur Inkarnation, also in ein Erdenkleid, gegangen ist – daß du also unmittelbar aus den Himmeln gekommen bist.

Kommst du also unmittelbar aus den Himmeln, warst du nicht schon öfter im Erdenkleid und hast du dich deshalb noch nicht verschattet, dann ist dein Geistleib in deinem Erdenkörper noch unbelastet. Dein Licht ist nur abgedeckt. Dein Geistleib zeigt nur Spuren der Wanderung, die er über die Seelenreiche zur Verkörperung gemacht hat.

Was ist eine Verkörperung? Eine Verkörperung ist gegeben, wenn sich die Seele mit einem menschlichen Körper verbindet.

Auf dieser Wanderung von den Himmeln zur Verkörperung hast du allmählich dein heimatliches Licht abgedeckt. Du hast es im reinen Sein, in der ewigen Heimat, zurückgelassen, in der Lichtmauer, welche die Himmel umschließt. Das hast du auch auf dem Weg zur Verkörperung vollziehen müssen, um in der Schwingungsebene dieser Welt leben zu können, d.h. auf der Erde im menschlichen Körper.

Kommst du also unmittelbar aus den Himmeln und nicht aus den Seelenreichen, von wo aus die Seelen wieder zur Verkörperung gehen, dann wirst du deinen Schutzengel sehen und deine Eltern in ihrer jeweiligen Strahlung.

Menschen, die ihre Mitmenschen lieben, die den Tieren nichts zuleide tun, die Pflanzen und Steine achten, weil sie auch in ihnen das Leben erkennen, haben strahlende Erdenkörper. Solche Menschen, die Liebe geben, werden wiedergeliebt werden. Ihr strahlendes Licht zieht wieder lichte Seelen an, die auf der Erde oder in anderen Bereichen des Universums leben und mit denen verbunden sind, die Liebe und viel Sonnenschein verbreiten.

Liebes Kind, ich spreche nun wieder deine Seele an, die noch in deinem Körper tätig ist und Zeit braucht, um mit ihrer Strahlung ganz in die Organe und Zellen einzudringen.

Du, liebe Seele, schaust deinen Schutzgeist, wenn du licht und hell bist. Sieh, es ist dein Geschwister aus den Himmeln, das dich auf deinem Erdengang begleitet. Freue dich und bejahe den himmlischen Boten an deiner Seite und erkenne ihn als einen Teil von dir selbst, – denn er ist so, wie du bist, voll des Lichtes und der Liebe.

Dein Schutzengel ist dir von Gott, deinem Vater, zur Seite gestellt. Dein Vater möchte, daß du deine lichte Seele noch lichter werden läßt und die Kraft deiner Seele in die Welt strömst.

Es kommen die Erdenjahre, in denen du dieses selbstlose Licht, das Liebe ist, denen bringen darfst, die sich ebenfalls nach diesem schönen, strahlenden Licht sehnen, die ebenfalls licht und hell werden wollen, um zum Vater der Liebe in die Heimat des Lichtes zurückzukommen.

Wenn du deinen Lichtkörper erhellst und das Licht verstärkst, wirst du auch deinen irdischen Eltern viel Freude bereiten. Sie haben dein Erdenkleid gezeugt und wollen es schützen und lieben. Je mehr du deine Eltern liebst, um so freudiger und friedvoller wird es in der irdischen Familie, in die du hineingeboren wurdest.

Ist also deine Seele licht, dann schaue, und glaube an das, was du siehst. Du schaust noch himmelwärts und siehst auch die Schutzengel, die an der Seite deiner Eltern stehen. Es sind die Boten aus dem Reiche Gottes, die über die Empfindungs- und Gedankenwelt auch deinen Eltern sagen, wie sie denken und handeln sollen, um, ebenso wie du, wieder engelgleich zu werden.

Sieh, liebes Geschwisterlein im Erdenkleid, du hast dich nicht nur in eine irdische Familie inkarniert, sondern auch in eine geistige, denn die Geistwesen, die Engel, die bei dir und bei deinen Eltern und Geschwistern sind, gehören auch zu eurer Erdenfamilie. Sie sind mit euch im Erdenkleid verbunden, weil sie für euch den Schutz übernommen haben.

Weißt du, so wie die Sonne ihre Strahlen auf diese Erde sendet, auf ähnliche Weise sind auch die Geistwesen, die Schutzengel, durch ein feines Strahlenband mit den Menschen verbunden. Über dieses Strahlenband nehmen die Schutzengel alles wahr, was die Schützlinge, die Menschen, die sie behüten wollen, denken und sprechen.

Dein Schutzgeist z.B. nimmt auf das genaueste deine seelischen Empfindungen auf, auch dann, wenn du dich über deinen kleinen Erdenkörper noch nicht ausdrücken kannst.

Der Schutzengel steht dir, der du eine Seele im Menschenkörper bist, über das Strahlenband bei. Er sendet dir über dieses Lichtband seine Empfindungen der Liebe und des Friedens.

Über dieses Lichtband spricht er auch später in dein Gewissen ein und sagt: „Liebes Kind, tue dies nicht, verschatte nicht deine Seele! Handle liebevoll! Vergib! Laß das Blümlein stehen, tritt nicht bewußt darauf!“ Er sagt: „Laß das Tierlein gehen, quäle es nicht!“

Er sagt: „Liebe deine Geschwister, auch wenn sie augenblicklich lieblos sind, und liebe ganz besonders deine Eltern, die dir so viel Liebe entgegenbringen. Und sind heute deine Eltern nicht allzu freundlich zu dir, dann sei du um so freundlicher zu ihnen. Bist du um so liebevoller und freundlicher zu ihnen, dann werden Vater und Mutter bald wieder lächeln, und das Antlitz beider wird wieder leuchten und freundlich sein.“

Liebe Monika oder Peter – oder wie dich auch deine Eltern nennen, so will ich dich ansprechen – siehe, deine Seele im Erdenkleid hat nun als erstes die Aufgabe, sich in ihrem kleinen Erdenkörper zurechtzufinden.

Liebe Seele, so spreche ich dich jetzt an, du lernst nun, deinen Körper allmählich zu beherrschen. Durch deine Seele strömt der Geist, der Odem unseres Himmlischen Vaters, immer mehr in deinen irdischen Körper ein.

Weint der Mensch, dein kleiner Körper, dann lernst du gleichzeitig, dich über deinen Körper auszudrücken. Du, die Seele, nimmst über die menschlichen Sinne immer mehr Kontakt mit deinen Organen auf. Du erlebst das Herz deines irdischen Körpers, wie es schlägt, und gewöhnst dich so an diesen Rhythmus.

Als du dich einverleibt hast, mußtest du erfahren, daß die erste direkte Verbindung mit deinem irdischen Körper eine heftige Schwingungswoge ausgelöst hat. Du hast einen Schrei ausgestoßen. Durch das unmittelbare Zusammentreffen deiner Seele mit deinem Erdenkörper entstand der erste laute Ton, ein Schrei.

Du hast nun erkannt, daß die Auswirkungen dieser unmittelbaren Verknüpfung von Seele und Mensch durch die Inkarnation, die auch Verkörperung genannt wird, den ersten Schrei hervorbrachten. Du also gabst den ersten lauten Ton im Erdenkleid von dir.

Die Schwingungen deiner Seele waren bisher feine Töne. Sie waren geräuscharm. Es waren Melodien. Doch jetzt ist es plötzlich ein lauter Ton, denn du benützt jetzt die Stimmbänder deines irdischen Körpers.

Du hast dich als vollkommenes Wesen, als Engel, über sehr feine Empfindungen mitgeteilt, über herrliche Melodien, die die Sprache der Engel sind. Doch nun wirst du dich über deinen Erdenkörper mitteilen, über laute Töne, die Symbole sind.

Der Mensch nennt die lauten Töne, die Symbole, auch seine Sprache. Noch wunderst du dich, welche Töne du aus deinem Erdenkleid gibst. Siehe, sie werden sich verfeinern, wenn du dich in deinem Körper zurechtgefunden hast und dein Körper an Kraft und Intelligenz zunimmt.

Liebes Geschwisterlein im Erdenkleid, du bist nun Mensch geworden und mußt dich in deinem irdischen Körper zurechtfinden. In deiner Körperhülle lernst du nun die Schwingungen und Reaktionen deines Körpers kennen. Du lernst, die Melodien deiner Organe wahrzunehmen, und erfährst auf diese Weise, daß dein Körper ein einziger Klang ist.

Du erfährst nun in deinem Erdenkleid, daß die Organe deines Körpers sich regen und melden und anzeigen, was sie benötigen, um stark und gesund zu werden und gesund zu bleiben. Auf diese Weise nimmst du behutsam Kontakt mit deinem gesamten Organismus auf. Du lernst also deinen Menschen kennen, wie er eingerichtet ist und wie er funktioniert.

Du lernst auch den Schmerz deines Körpers kennen. Wenn ein Organ nicht sofort die Energie deiner Seele aufnimmt oder gar verweigert, dann verspürst du, daß die Schwingung deines Organs zurückgeht und es eventuell schmerzt. Weil ein oder mehrere Organe noch nicht genügend funktionstüchtig sind, verweigerst du die Nahrung, die dein Körper aber bräuchte, um sich zu stärken, zu wachsen und so zu gedeihen.

Nimmt also ein Organ deines Körpers oder nehmen gar mehrere Organe noch nicht die seelische Kraft und die physische Nahrung auf, dann verändert sich das Kräftepotential, auch Schwingungszahl deines Körpers genannt. Das oder die betroffenen Organe leiden und geben Signale des Schmerzes. Sie ziehen sich zusammen und signalisieren, daß sie noch nicht genügend Energien bekommen.

Die Veränderungen deines Organismus registrierst du in deiner Seele. Du versuchst nun, deinem Körper Kraft zu schenken. Doch dieser bedarf eventuell der Hilfe von außen, der Hilfe von deinen Mitgeschwistern im Erdenkleid.

Du, also die Seele, rufst um Hilfe: Die Signale, die von dir ausgehen, sind Schreie. Die Empfindungen, die deine Seele ausstößt, lösen über die Stimmbänder einen Schrei oder mehrere Schreie aus. Das gesamte Geschrei ist sodann das Weinen.

Dann kommen Mutter, Vater, Geschwister oder Großeltern herbei und wollen dir helfen, dir dienen. Sie sind die Schutzengel im Erdenkleid für ihren kleinen Engel, für dich.

Machst du dich durch die ersten Laute, durch die ersten Schreie bemerkbar, wenn die Körperschwingung fällt – weil nun die Hülle der Seele, dein Erdenkleid, Nahrung braucht oder du Schmerzen empfindest oder du gereinigt werden möchtest von dem, was der Körper ausscheidet – dann stehen dir auch wieder die Engel im Erdenkleid bei, deine Eltern, deine Geschwister oder vielleicht auch deine Großeltern, die Eltern deiner Eltern.

Wie möchtest du ihnen ihre selbstlose Liebe lohnen, liebes Geschwisterlein im Erdenkleid?

Einerlei wie du heißt, Monika oder Peter, du glaubst, es wäre dir nicht möglich, zu danken für die selbstlose Liebe, da du in deinem noch kleinen Körper zu ungelenk seist. Du fühlst, daß du auf die Hilfe deiner Erdengeschwister, die jetzt deine Eltern oder Großeltern sind, angewiesen bist.

Liebes Geschwisterlein, die Natur hat gesorgt, daß du auch schon nach geraumer Erdenzeit deinen lieben Geschwistern im Menschenkleid danken kannst, nämlich durch das erste kleine, zarte Lächeln.

Du wirst fragen: „Lächeln – ja, was ist das: Lächeln?“ Ja, liebe Seele, durch das Lächeln!

Verstehe, wenn du dich also als Seele freust und du die Freude über das Erdenkleid zum Ausdruck bringen möchtest, wenn du die Freude und den Dank deinen irdischen Eltern, deinen Großeltern senden möchtest, dann werden deine seelischen Empfindungen der Freude, der Liebe und des Dankes sich als Schwingungen in deinem Körper ausdrücken.

Liebeschwingungen deiner Seele schwingen über die Sinne des Körpers aus. Dein Antlitz erhellt sich, der kleine Mund strahlt und zeigt so das erste Lächeln. Die dankbare Empfindungswoge von Freude und Liebe wirkt auf deine Gefühlswelt ein, die den fünf Sinnen des Menschen untergeordnet ist: Dein menschliches Antlitz erhellt sich, der Mund verändert sich, der Körper kommt in freudige Schwingung, du lächelst also.

Wisse, liebes Geschwisterlein im Erdenkleid, deine Eltern freuen sich darüber und sind überglücklich über die erste Reaktion, über dein Lächeln. Nimm auch du die Freude deiner irdischen Eltern über dein Lächeln an. Sie freuen sich über dein Hiersein und sind glücklich, daß sie ein Kindlein haben.

Liebe Seele im Erdenkleid, liebes Geschwisterlein, sieh dich um! Wenn deine Seele nicht allzu sehr belastet, also verschattet ist, dann ist es in deiner Seele und auch in und um deinen Körper hell. Dann wirst du auch die Freunde der Natur als liebevolle und freundliche Gespielen sehen, die ihre zarten und feinen Empfindungen der Liebe und Achtung dir entgegenbringen. Denn du bist ein Kind Gottes.

Die Freunde der Natur, die Blumen, Gräser, Bäume, Sträucher, aber auch die Tiere, nicht zuletzt die kleinen Naturwesen, welche die Natur pflegen, kommen dir wie die Strahlen der Sonne liebevoll entgegen.

Du bist ein Kind Gottes. Die, die ich eben aufgezählt habe, stehen noch in der geistigen Entwicklung. Sie werden ebenfalls einst Engel, reine Lichtwesen, die der ewige Vater zur Kindschaft erhoben hat und die dann Engel im Himmel sind.

Die Freunde der Natur haben vor dir, dem Lichtkind, das schon ein Geistwesen ist, Achtung. Sie wollen dir Liebe senden, dich erfreuen in ihrer Farbe und Form. Die leuchtenden Blumen, das grüne Gras, die blühenden Bäume und Sträucher wollen dir dienen, dir Freude bescheren, deine Umgebung schmücken.

Die Naturwesen sind kleine menschenähnliche Formen. Sie sehen aus wie eine große Puppe.

Liebes Geschwisterlein, ich spreche nun dich als Seele an: Schaue dich also um, und du wirst sie sehen, die Naturwesen, die auch an deinem Bettchen stehen, die eventuell auf dem Kleiderschrank im Zimmer sitzen oder auf einem Stuhl oder auf der Fensterbank.

Die kleinen Naturkinder werden von den Menschen auch Elfen und Zwerge genannt. Sie wollen dir, dem neuen Erdenbürger, ihre Liebe bringen und dich als Kind Gottes begrüßen. Sie bieten sich an, deine Gespielen zu sein.

Sieh hin, liebes Geschwisterlein im Erdenkleid, eines der Naturwesen trägt eine Blume in der Hand, ein anderes ein liebes Tier, das gerade der Pflege und Obhut einer Elfe oder eines Zwerges bedarf, also eines Naturwesens.

Sieh, das Elflein lächelt dir zu und sendet dir Frieden und Harmonie. Es begrüßt dich, wie die Sonne die Erde mit ihren Strahlen begrüßt.

Ein anderes freundliches Naturwesen, eine Elfe, geht auf einen Zwerg und wieder auf eine Elfe zu. Alle drei nehmen sich an der Hand. Schau hin, sie verbinden sich zu einem kleinen Reigen. Sie tanzen und singen. Sie bringen dir das Lied der Liebe dar.

Sieh hin, sie bieten sich dir an, bei dir zu sein, mit dir zu spielen und mit dir Empfindungen des Friedens auszutauschen, so daß du über dein Erdenleben die Natur als einen Teil von dir kennenlernst.

Du sollst also erfahren, daß die Naturreiche leben, daß Tiere, Pflanzen, Steine, die Luft und das Wasser die Natur sind. Die Naturwesen, die Elfen, Gnomen und Zwerge, sind die Pfleger und Hüter der Natur.

Sieh hin, liebe Seele, liebes Geschwisterlein im Erdenkleid, und erfreue dich an ihrem Licht, das sie ausstrahlen. Mit ihrem Licht, das sonnenähnlich ist, strahlen sie dich an und wollen dir sagen, daß du am Universellen Leben teilhaben sollst, an dem großen göttlichen Leben.

Sieh hin, liebes Geschwisterlein, liebe Monika oder Peter, wie du auch heißt: Dort sitzen sie, die Naturwesen, wie lebende Puppen. Sie wollen mit dir spielen, wollen um dich sein. Sie nehmen sich an den Händen, hüpfen um dein Bettchen und singen dir ein Wiegenlied. Wie die Sonne ihre Strahlen auf die Erde senkt, so strahlen sie dich an und ermuntern dich, mitzumachen, so weit es dir in deinem Erdenkörper, in deinem Bettchen möglich ist.

Sieh hin, sie haben viele Spiele, womit sie dich erfreuen. Zwei halten sich plötzlich an den Händen, singen und tanzen. Eines bringt dir ein Lichtlein. Du sollst dich daran erfreuen. Das andere bringt dir einen schönen, strahlenden Stein. Sicher ist es ein kostbarer, strahlender Edelstein, der deinem Wesen gleich ist. Du freust dich.

Nun bewegen sich deine Arme und Beine. Die Mutter sagt: „Das Kleine strampelt, es freut sich." Doch du schaust, ohne etwas sagen zu können, die unsichtbaren Freunde, die dich umgeben, die deine Spielkameraden sind.

Sieh hin, sie lehren dich, wie man den Blumen, Bäumen, Sträuchern und Steinen begegnet, wie du dir im Erdenkleid die Naturwesen zu deinen Freunden machen kannst und wie du mit der Natur empfinden sollst, damit du die Schöpfung wiederentdeckst und den Schöpfer, der dein Vater ist.

Die Freunde, die Zwerge und Gnomen, nehmen dich nun an deinen irdischen Händchen und sagen: „Wach auf, wach auf im Erdenkleid! Wenn du nun krabbeln und laufen kannst, nehmen wir dich in die Mitte, und du sollst die besten Spielkameraden haben, die es gibt, uns, die Naturwesen."

Liebes Geschwisterlein, du darfst sie als deine wahren Gespielen erkennen, die dich lieben und die deine Freunde sein wollen.

Nun, liebes Geschwisterlein, möchte ich ein paar Worte an deine Eltern richten:

Liebe Eltern, nun wende ich mich an euch.

Helft mit, damit euer Kindlein das, was es in den ersten Tagen, Wochen und Jahren erlebt, auch mit in das weitere Erdenleben hineinnimmt. Lebt der Mensch mit der Natur und sind seine Gefühle und Empfindungen liebevoll, weil es im Säuglingsalter und als Kleinkind von den Boten der Liebe belehrt wurde und die Belehrungen angenommen hat, dann ist es dem heranwachsenden Menschenkind und dem Erwachsenen möglich, mit den Kräften der Natur in Beziehung zu stehen. Dadurch erspart sich der Mensch viel Leid und Schicksalsschläge.

Liebe Eltern, bejaht die unsichtbaren Lichtboten und Naturwesen! Bejaht und nehmt die mannigfachen Lebensformen, die in sich das Göttliche tragen, als kleine Energie- und Empfindungskörper an, die Steine, Pflanzen und Tiere.

Alles, was lebt, hat Lichtkörper, die ähnlich empfinden wie der Mensch. Alles Reine geht aus der Liebe Gottes hervor. Wer sein Herz rein hält, dem dient auch das Reine. Wer in allem das Walten Gottes schaut und Liebe zu allen Lebensformen empfindet, der lebt bewußt in dieser Welt und lebt in und mit Gott. Die Kräfte der Natur dienen der Seele und dem Menschen.

Wer das Leben aus Gott aufrechten Herzens liebt, der ist es, der geliebt wird.

Die Naturreiche schenken der Seele und dem Menschen Kraft. Wer also mit der Natur verbunden ist, der empfängt die Kräfte aus der Natur.

Wer im kosmischen Zeitalter mit den kosmischen Kräften lebt, findet in höhere Schwingung. So manches, was in der Seele als Belastung liegt, muß sodann nicht mehr erfahren oder durchlitten werden. Der Ewige nimmt es hinweg, bevor es zur Auswirkung kommt.

Muß der Mensch einiges von seiner Belastung tragen, so darf er sicher sein: Wer mit dem göttlichen Leben ist, wer seine Sinne veredelt, wer ein gottgewolltes Leben führt, von dem wird vieles genommen, und vieles wird abgeschwächt werden. Die göttlichen Kräfte dienen und helfen dem, der seine Gedanken zum Göttlichen erhebt.

Liebe Eltern, ich bitte euch, umzudenken. Nicht, was der Mensch sieht, ist Realität, sondern das, was seine irdischen Augen nicht sehen, das Göttliche, das in allen Lebensformen wirkt und sich dem offenbart und dem zeigt, der himmelwärts blickt und göttlich empfindet.

Wenn Menschen mit den Naturreichen, mit Tieren, Pflanzen und Steinen, mit Luft und Wasser, in Harmonie leben, dann empfangen sie auch Kräfte der Natur, wodurch sie jene Schwingungsbereiche nicht mehr durchwandern müssen, die ihnen Leid oder Not bringen würden.

Wer mit der Natur ist, der wird auch von der Natur kräftemäßig angehoben und braucht vieles nicht zu durchleiden und zu durchleben.

Die Kinder des Universellen Lebens werden kosmische Kinder sein, die mit allen Lebensformen in Einheit und Frieden leben.

Gott ist Allweisheit, Gott ist allwaltend. Er ist Friede, Liebe und Harmonie. Wer mit Gott ist, mit dem ist auch Gott.

In meiner Offenbarung möchte ich immer wieder zu den Eltern sprechen und sie bitten, ihre Kinder das Universelle Leben erleben zu lassen, das in allen Lebensformen, in allem, was lebt, wirksam ist. Es ist der Geist unseres Vaters, es ist der Ton und der Klang aus den Himmeln.

Gott ist universell. Er, der große Geist, hat uns alle geschaffen und uns alles, was Er geschaffen hat, geschenkt.

Alles, was lebt, Menschen, Tiere, Pflanzen und Steine, ist Klang. Jeder Klang ist ein Ton im großen Orchester, Gott.

Gott ist Geist. Der Geist ist alles in allem. Gott ist also Melodie, Gott ist das Universelle Orchester.

Jede Lebensform ist Geist aus Seinem Geiste und ein Ton im Orchester, Gott. Die Tiere, Pflanzen und Steine sind unbelastet. Daher sind ihre ausströmenden Töne rein.

Liebe Eltern, könnt ihr meine Schilderung bejahen und glaubt ihr an das, was sich hinter der Materie vollzieht, dann werdet ihr dem kleinen Erdenbürger, eurem Kindlein, über das Leben der Natur, der Tiere, Bäume, Sträucher und Blumen, erzählen. Euer Kind wird erfahren, daß die reinen Lebensformen echte Freunde sind, die dem Menschen Freude und Kraft spenden und ihn am Universellen Leben teilhaben lassen, weil auch sie bewußt ein Teil des großen Ganzen sind.

Auf diese Weise erfährt euer Kind, daß seine Seele ein Mikrokosmos im Makrokosmos ist, der die Essenz der Unendlichkeit in sich birgt. Selbstlose Gespräche mit dem Kindlein, die von Eltern, Geschwistern, Großeltern geführt werden und die über die tiefe Liebe zu allen Lebensformen berichten, bewirken, daß der kleine Erdenbürger die Naturreiche schätzen lernt und als Erwachsener auch entsprechend handeln wird.

Durch diese selbstlosen wahren Erzählungen erinnert sich sodann auch eine belastete Seele, daß sie ein Mikrokosmos im Makrokosmos, im großen Geschehen Gottes ist und daß sie die Essenz des großen Ganzen, das Leben der Unendlichkeit, in sich trägt.

FÜR DAS KIND AB DEM 3. LEBENSJAHR

Eine Schwester des Lichts, Liobani, wendet sich mit einigen Worten den Eltern dieser Welt zu:

Liebe Eltern, ihr könnt eurem Kind und der Seele eures Kindes viel Freude bereiten, wenn ihr die göttlichen Aufklärungen und die wahren Erzählungen aus dem Reich Gottes eurem Kind im Wort vorlest und ihm durch ein selbstloses Vorbild zeigt, wie der Mensch leben soll, um edel und gut zu werden.

Das Ursprungsland jeder Seele ist das Reich Gottes, ist die Heimat im Licht. Ist in einem Menschen das Bewußtsein seiner geistigen Heimat lebendig, so wird er das wahre Sein in sich finden und das Göttliche in allem schauen, was ist.

So lebt er in der umfassenden, geistigen Realität. Er erfährt die göttliche Fülle und empfängt die göttlichen Kräfte. Er findet zu seinem ursprünglichen Wesen. Er wird sein Menschsein meistern und das göttliche Licht ausstrahlen, das in ihm erblüht.

Nun wende ich mich meinem Geschwisterlein im Erdenkleid zu, das nun laufen und sprechen gelernt hat:

Noch blickst du unbekümmert in diese Welt, die dir als Mensch zur Heimat geworden ist. Du fühlst dich in dem Schoß der Mutter geborgen und in den Armen des Vaters beschützt.

Du bist noch jung an Jahren und bedarfst zu Recht den Schutz eines irdischen Vaters und einer irdischen Mutter. Von beiden wohlbehütet, gehst du an ihrer Hand, gehst du deinem eigenen Leben entgegen.

Du siehst noch nicht die Gefahren. Du kennst noch nicht das irdische Leben. Du lebst, weil deine Eltern dich gezeugt haben, und doch hast du dein persönliches Leben, deine Grundsätze. Das Für und Wider macht sich allmählich bemerkbar. Du wirst nun eine Person mit all ihren Empfindungen und Wünschen.

In dir, liebes Kind, wirken sich nun allmählich die Kräfte aus. Das Positive ringt mit dem Negativen, mit dem, was deine Seele an Schatten aus einer fernen Welt wieder in diese Welt mitgebracht hat. Wut und Zorn wollen dich beherrschen. Sie wollen dir den Weg zu üblem Denken und Tun zeigen.

Mein Geschwisterlein, nun sei auf der Hut und höre auf deine liebevollen Eltern, die es sicherlich gut mit dir meinen. Da und dort taucht nun ein Naturwesen auf. Es lächelt dich an, hält sein Fingerchen an den Mund und will dir sagen: „Schweige, und sei wieder friedvoll!"

Auch der Schutzgeist, dein Schutzengel, meldet sich über deine nun verstärkt erwachende Empfindungswelt und sagt dir: „Liebes Kind, sei friedvoll! Was hat dich geärgert? Geh zu deinen Eltern und sage es ihnen. Deine Eltern haben in ihrem Leben viele Erfahrungen gesammelt, mußten Leid erfahren und durften Freude erleben. Sie sind gereift und kennen die Schatten- und Freudenseiten des Lebens. Deine Eltern werden sich bemühen, dich vor vielen Gefahren zu bewahren und mit dir über das zu sprechen, was dich nun im Augenblick beschäftigt, worüber du so erregt bist, daß in dir Wut und Zorn aufsteigen: Dein Körper verkrampft sich, er schüttelt sich, du weinst und schreist, du stampfst mit deinen Füßen. Komm, geh hin zur Mutter, und sage ihr, warum es so ist."

Deine liebevolle Mutter wird sagen: „Nun erzähle mir. Komm, setz dich auf meinen Schoß. Was ist geschehen?" Und du erzählst nun der Mutter und eventuell dem Naturgeist, der vor dir steht und dich anlächelt, worüber du dich so erregt hast.

Die liebevolle Mutter wird sagen: „Nun, mein Kind, so manches muß der Mensch erforschen und erfahren, um es besser machen zu können. Auch du mußt als Kind der Erde das Leben richtig sehen und es so nehmen, wie es dir gegeben ist."

Liebes Kind, du bist auf Erden, um den Willen des Himmlischen Vaters zu erfüllen.

Der Wille Gottes ist, daß du alle Menschen, Tiere und Pflanzen lieben lernst. Dadurch wird deine Seele rein, licht und hell, und du blickst immer mehr himmelwärts.

Durch die Liebe zu den Menschen, Tieren und Pflanzen wirst du auch die Gestirne, die leuchtenden Sterne im All, als einen Teil deiner Seele erkennen, denn deine Seele hat die unzähligen Strahlen der Sonnen und Planeten als Licht und Kraft in sich. Die Liebe zu allem, was lebt, läßt dich friedvoll und genügsam werden.

Wer im Lichte Gottes steht, der ist mit allem, was lebt, verbunden. Er sieht nicht nur diese Welt, sondern schaut, was hinter den Dingen dieser Welt geschieht, nämlich das Walten Gottes. Er schaut die Geistwesen, die Schutzengel, und schaut das Licht, das jedes Tierlein, jede Pflanze und jeder Stein in sich trägt. Es ist das Licht, Gott. Es ist die Kraft unseres Himmlischen Vaters.

Auf diese Weise erfährst du deine wahre Heimat und lernst sie auch wieder kennen. Auf diese Weise entwickelt sich auch das Vertrauen und der Glaube an Gott, denn mit Gott wirst du in deinem kommenden irdischen Leben alles meistern, was auf dich zukommt.

Liebes Kind, du fragst mit Recht, warum du auf Erden bist und nicht im Himmel, warum du Mensch und nicht Engel bist.

Den ganz Kleinen, die erst einen Tag oder einige Tage oder einige Wochen und Monate im Erdenkleid sind, habe ich schon gesagt, warum sie nun auf der Erde leben. Bitte deine Eltern, daß sie dir meine Botschaft aus den Himmeln vorlesen, damit auch du die Tätigkeit der Engel Gottes auf Erden kennst.

Dir zum Geleit will ich noch kurz sagen: Du bist auf der Erde, um wieder engelgleich zu werden.

Auf mehreren Wanderungen über die Erde hast du deinen Geistkörper belastet. D.h. du hast nicht liebevoll und selbstlos gedacht und gehandelt und hast somit viele kleine und größere dunkle Flecken auf deinen schönen, strahlenden Geistleib gelegt. Damit hast du diesen Geistleib verdunkelt.

Deine Seele hat sich nun zur Aufgabe gemacht, diese kleinen und größeren Flecken, die Schatten deines Geistleibes, zu entfernen, um wieder engelgleich zu werden. Deshalb ging deine Seele ins Erdenkleid.

Damit du wieder engelgleich wirst, hilft dir vor allem Gott, dein Vater im Himmel, dessen Atem in dir wohnt. Wir nennen den Atem Gottes den Odem. Der Odem ist der Geist Gottes, das Leben.

Du also bist die Wohnstätte des Geistes Gottes, des Odems deines Vaters. Diese Wohnstätte nenne ich auch den Tempel des Heiligen Geistes, den Tempel, in dem das Allwissen und die Allweisheit deines Vaters wohnt, der im Himmel ist.

Du hast nun als Mensch die Aufgabe, diesen Tempel zu reinigen, alle Schatten, diese kleinen und größeren dunklen Flecken, von deinem Geistleib zu entfernen.

Dabei hilft dir der Geist Gottes, die Liebe des Vaters in deinem Tempel.

Es hilft dir auch der Schutzengel, der an deine Seite gestellt wurde, und auch deine Eltern, die dich lieben. Sie haben deinen irdischen Körper gezeugt, damit dein Geistleib sich dort einverleiben, d.h. in dem Erdenkleid Wohnung nehmen konnte.

Was heißt gezeugt haben?

Du mußt wissen, liebes Kind, wenn sich zwei erwachsene Menschen, Frau und Mann, sehr lieben, dann umarmen sie sich auf ganz innige Weise und wünschen sich ein Kind. Der Mann schenkt der Frau von seiner Lebenskraft, in der der Anstoß zu neuem Leben liegt. Daraus geht dann ein menschlicher Körper hervor.

Du fragst dich, wie das wohl vor sich geht:

Menschen, die sich also sehr lieben, sind Gefäße. Die Frau öffnet ihren Tempel, und der Mann schenkt sich in der Frau. Dadurch fließen die Kräfte, die sich sodann zu einer werdenden Kraft verbinden.

Der Mann hat seine Kraft in dem Tempel der Frau gelassen, in dem ein Keim zu neuem Leben liegt. Der Keim wird von der Liebekraft des Mannes berührt und beginnt, in dem Tempel der Frau zu wachsen. Auf diese Weise also entsteht ein kleiner irdischer Körper. Auch du kamst auf diese Weise in die Welt.

Deine Eltern haben deinen Körper gezeugt, so daß sich eine Seele – wir können auch die Seele Geistwesen nennen – sich in diesen kleinen Körper begeben konnte. Das Begeben in den Körper nennen wir auch Einverleibung.

Deine Eltern lieben dich. Die Liebe deiner Eltern, die Liebe des Himmlischen Vaters und die Liebe des Schutzgeistes wollen dich behüten vor allen Gefahren, vor Leid und Not. Du mußt es natürlich wollen und getreu und liebevoll an der Hand deiner Eltern und deines Schutzgeistes gehen.

Oftmals empfindest du, daß du nicht so handeln solltest, wie du eben handelst, daß du das nicht tun solltest, was du eben tust. Und doch tust du es.

Wenn du es tust trotz innerer Mahnung – trotz des Empfindens: „Ich sollte dies nicht tun" – dann wirst du eine Gefahr heraufbeschwören, die dir Leid und Traurigkeit bringen kann.

Nimm den Schutz der liebevollen Eltern, des Schutzgeistes und vor allem deines Himmlischen Vaters an und freue dich, daß dir so viel Liebe und Hilfe gegeben ist.

Deine Eltern beschützen und belehren dich, damit du ein brauchbarer Erdenbürger wirst und gerecht zu allen Mitmenschen bist.

Dein Schutzengel belehrt dich über das Band der Liebe, damit du alle Lebensformen, wie z.B. die Tiere, Pflanzen und Steine, liebgewinnst. Er ermahnt dich aber auch, alle Menschen zu lieben, da ja alle Menschen über die Erde gehen, um wieder engelgleich zu werden. Wenn du sie liebst, dann gibst du ihnen Kraft, auch wieder das zu werden, was du erkannt hast, daß du bist: ein Engel aus den Himmeln.

Liebes Kind, sicherlich liebst du einige oder mehrere Tiere ganz besonders, vielleicht eine Katze oder einen Hund oder einen Wellensittich oder ein anderes kleines Tier oder die Tiere allesamt.

Denke nun darüber nach, welches Tier dir ganz besonders ans Herz gewachsen ist, welches du ganz besonders liebst. Das Tierlein, das du ganz besonders liebst, behütest du und wünschst, daß ihm nichts geschieht.

Auch deine Stofftiere, die du liebst, drückst du oftmals ganz fest und inniglich an dein Herz, weil du einfach empfindest, daß sie geliebt werden sollten, daß ihnen die Liebe, das An-dein-Herz-Drücken, so wohl tut. Die Liebe und Fürsorge, die du zu Tieren oder zu deinen niedlichen Stofftieren empfindest, ist die Liebe des Herzens. Sie ist die Liebe des ewigen Vaters.

Gott ist also der Geist der Liebe, der in dir, dem Tempel des Geistes Gottes, wohnt. Auch die Liebe des Schutzgeistes zeigt dir, daß in allem Gottes Walten und Seine Kraft ist.

Nun sieh dich in deinem Kinderzimmer um. Ob es der Stoffhase oder der kleine Elefant ist, die kleine, niedliche Puppe, die da am Fenster oder auf dem Regal sitzt, du hast sie doch lieb. Sie alle wollen dir etwas sagen, auch wenn sie Stofftiere sind.

Du hast in die Puppe oder in die Stofftiere deine Liebe hineingedacht, und diese Liebegedanken machen die Stofftiere lebendig. Deine lieben Gedanken, die du hineingedacht hast, die von deinem Herzen zur Puppe und zu den Tieren gingen, strahlen wieder zu dir zurück und sagen dir selbst, daß Tiere leben, daß Tiere lieben, daß Tiere für alle Menschen da sein wollen.

Aber auch die kleine, niedliche Puppe sagt dir, daß sie dich liebt, weil du sie liebst.

So empfinden auch Menschen. Wenn du die Menschen liebst und zu ihnen nichts Böses sagst, sie einfach liebst, gleich was sie sagen – auch dann, wenn sie nichts Gutes sprechen – wirst du von der Seele des Menschen geliebt werden.

Wenn du also deine Stofftiere liebst und die Stofftiere dich wiederum lieben, dann empfindest du auch, daß die Tiere auf dem Feld, im Wasser und in der Luft von den Menschen geliebt werden wollen.

Die Tiere lieben auch dann die Menschen, wenn sie von ihnen nicht geliebt werden. Warum? Weil sie nur rein empfinden und reines Licht ausstrahlen.

Du hast gehört, daß liebe Gedanken und liebe Worte die Menschen im Inneren berühren, so daß auch ihre Seelen wieder Liebe empfinden und sie zurückstrahlen.

Du hast aber auch gehört: Wenn du zu deinen Stofftieren, auch zu deiner Stoffpuppe Gedanken der Liebe sendest oder sie ganz inniglich an dein Herz drückst, der Puppe über das Haar streichst, sie liebevoll ankleidest und den Tieren das Fell kraulst und sie liebkost, dann nehmen sowohl Puppe wie auch Tiere diese Gefühle wahr, die von dir ausgehen.

Deine Liebe haftet sodann an der Puppe und an den Tieren. Diese Liebe macht die Tiere und die Stoffpuppe lebendig, und du fühlst, daß sie dir ebenso nahe sind wie die Tiere, die du da und dort schaust, sowohl im Wald wie auch im Feld, im Wasser und in der Luft. Rechte Liebekuschelgedanken, Liebkosungen, Freude und Frieden machen alles lebendig, auch die Stofftiere und deine Stoffpuppe.

Nun, liebes Kind, sollst du aber nicht nur die Stofftiere lieben, die auf deinem Regal oder auf der Fensterbank sitzen oder in deinem Bettchen liegen. Du sollst auch nicht nur die Tiere in deiner nächsten Umgebung lieben oder die Haustiere, die Katze und den Hund. Du sollst alle Tiere lieben, auch dann, wenn sie nicht in deiner unmittelbaren Nähe sind, wenn es keine Haustiere sind, wenn du sie nicht anfassen, streicheln und liebkosen kannst, wenn du sie nicht drücken kannst. Liebe sie doch, denn sie lieben auch dich!

Liebes Kind, du bemühst dich, daß deinen Stofftieren oder deiner Puppe nichts geschieht. Du legst das Püppchen in das Bettchen, deckst es liebevoll zu, damit es warm bleibt, damit es warm liegt und nicht friert, damit es schlafen kann und Ruhe findet.

Sieh, die Liebe, die du zu deinen Puppen empfindest, ist die Liebe Gottes, des Himmlischen Vaters in dir, dessen Geist – oder anders gesagt: dessen Odem – in dir wohnt. Es ist die Liebe, die du nun empfindest, und auch die Liebe deines Schutzgeistes – auch Schutzengel genannt – der dich begleitet und dich immer wieder ermahnt: „Sei liebevoll", denn die Liebe ist das wahre Wesen, ist der Ausdruck deines strahlenden Körpers, der in der Heimat, im Reich Gottes, ohne Makel, also ohne kleine und größere dunkle Flecken, ist. So wie du liebst, um ein Vielfaches mehr liebt dich also dein Himmlischer Vater.

Du hörst von den Stofftieren, von den Tieren im Feld, im Wasser und in der Luft, du hörst von den Lieblingspuppen und fühlst, daß du sie alle magst. Dieses Mögen ist Liebe. Du sagst: „Ich mag sie. Ich hab sie gern", und dieses Mögen und Gernhaben ist ein Teil aus der großen Liebe deines Vaters im Himmel.

Wenn du liebst, dann reinigst du deinen Geistleib in dir. Die kleinen und größeren dunklen Flecken, die auf deinem Geistleib liegen, werden heller, und du kannst immer mehr lieben und zuletzt alles lieben, was dich umgibt und was weit von dir entfernt ist.

So kannst du dann auch einen Menschen lieben. Du fragst nicht, wie er aussieht, was er denkt. Du liebst ihn, so wie du deine Spielkameraden liebst, obwohl sie dein Spielzeug in eine Ecke geworfen haben und über dich ärgerlich sind, weil du das nicht tun wolltest, was sie von dir verlangt haben.

Wer alle Menschen liebt, auch seine Spielkameraden, der nimmt den Ärger gar nicht so ernst. Der sagt dann: „Komm, nimm nun mal die Puppe oder dieses Stofftier. Hab es lieb!“ Und auch dann, wenn der Spielkamerad beide, Puppe und Stofftier, in die Ecke wirft, so hole du sie wieder zurück und liebe sie.

Auf diese Weise gibst du ein großes Vorbild dem, der sich ärgert. Und der, der sich geärgert hat oder noch ärgert, wird dann darüber nachdenken, wie selbstlos und liebevoll du gehandelt hast. Er wird dann auch liebevoll werden zu den Puppen, zu den Stofftieren, zu den lebenden Tieren in Feld und Wald, im Wasser und in der Luft, auch zu den Haustieren, die mit den Menschen leben.

Liebes Kind, ich will dir nun die Frage stellen: Weshalb lieben die Kinder hauptsächlich nur die Tiere, die ihnen nahestehen, die sich im Haus oder um das Haus aufhalten oder sich im Käfig befinden?

Überlege einmal, warum du ganz besonders diese Tiere liebst, die dir nahestehen. Denke darüber nach, besprich die Frage mit deinen Eltern oder mit dem Menschen, der dir aus diesem Büchlein vorliest.

Vielleicht gibst du nun folgende Antwort: Du liebst sie, weil sie zu dir gehören oder weil du die Tiere geschenkt bekommen hast und du glaubst, daß sie dir gehören.

Wenn du an die Stofftiere und Stoffpuppen denkst und du dir die Frage stellst: „Warum liebe ich nun meine Puppe und meine Stofftiere?“, dann wirst du vielleicht sagen: „Weil ich sie von Mutti oder Vati oder von Oma und Opa geschenkt bekommen habe. Weil die Puppe und das Stofftier mit mir schlafen gehen. Weil sie immer um mich sind.“

Ja, liebes Kind, sie sind dir vertraut, weil sie im Spielzimmer sind und mit dir leben. Sie sitzen oder stehen da und dort und blicken dich liebevoll an. Du liebst sie also, weil sie dir so nahe sind, weil, wie du sagst, sie dir gehören.

Nun frage ich dich: Wen oder was liebst du noch?

Du wirst mir antworten: „Ich liebe meine Eltern, meine Geschwister, ich liebe Opa und Oma."

O ja, liebes Kind, das ist richtig und gut. Die Eltern sollst du sehr lieben, denn sie tun viel Gutes für ihr Kind. Sie umsorgen es, behüten es und wollen es vor Gefahren schützen.

Du hast nun aber auch gehört, daß jeder Mensch, auch die Menschen, die du nicht kennst, Wohnstätten des Geistes Gottes sind, daß jeder Mensch der Tempel der Liebe des Vaters ist, der im Himmel wohnt. Somit sind auch deine Mutter, dein Vater, deine Geschwister, deine Großeltern und alle Menschen Tempel dieser großen Liebe Gottes.

Der Geist des Vaters im Menschen ist das Licht, ist Wärme, ist Liebe, ist Sonnenschein. Dieses Licht hüllt alle Menschen, alle Tiere, Pflanzen und Steine ein.

Sind die Menschen guten Willens, lieben sie sich untereinander, dann strahlt durch sie das Licht des ewigen Vaters. Es schützt sie und geleitet sie, weil sie untereinander liebevoll sind.

Solche Menschen, die sich untereinander lieben, die miteinander Frieden halten, lieben auch alle Tiere, auch die Tiere, die nicht in ihrer unmittelbaren Nähe sind, die nicht zum Haus und zum Hof gehören.

Gott liebt alle Menschen, alle Engel, alle Tiere, Steine und Pflanzen. Er liebt jeden einzelnen Stern. Wenn du ein Kind des Vaters bist, dann wirst du auch allmählich alles lieben, was dir begegnet, Menschen, Tiere, Pflanzen und Steine.

Tiere, Pflanzen und Steine nenne ich die Lebensformen. Alle Lebensformen, auch Menschen und Engel, haben das Innere Licht in sich, das Licht unseres Himmlischen Vaters.

Liebes Kind, zu diesem Inneren Licht sollst du jeden Morgen beten. Du wirst fragen, was richtiges Beten ist.

Richtiges Beten ist inniges Lieben, von Herzen Lieben.

Wenn du von Herzen deine Eltern, deine Geschwister, deine Großeltern, alle Menschen, die Spielkameraden, auch Tiere, Pflanzen und Steine liebst, ja wenn du jedes Blümlein in dein Herz geschlossen hast, dann betest du das große Licht an, das, wie du gehört hast, in allem wohnt. Dann, liebes Kind, betest du richtig.

Die Liebe von Herz zu Herz, ohne viel Worte, ist rechtes Beten. Lerne es, mein Kind.

Rechtes Beten macht dich frei und froh. Du kannst es mit deinen Eltern, Geschwistern oder Großeltern üben, aber auch die Tante und der Onkel werden sich bemühen, mit dir so zu beten, daß du frei und froh wirst.

Rechtes Beten ist also rechtes Lieben. Wahre Liebe, die vom Herzen zum Herzen strömt, schützt dich vor vielen Gefahren.

Liebes Kind, du hast nun gehört, daß das Licht des Himmlischen Vaters auch in dir ist. Der Himmlische Vater, der uns alle liebt, hat mich zu den Kindern gesandt, um immer wieder von der unendlichen Liebe unseres Himmlischen Vaters zu erzählen. Damit die Menschen erkennen, daß sie nicht allein und nicht einsam sind, daß der ewige Vater sie geschaffen hat und sie einst wieder in die ewige Heimat zurückkehren werden, wo die *wahre* Heimat ist.

Du wirst nun fragen, warum du mich nicht sehen kannst, warum deine Eltern oder deine Freunde dir diese wahre Erzählung vorlesen.

Siehe, liebes Kind, auch die Schutzengel kannst du nicht sehen, außer du hast die vielen kleinen und großen Flecken von deinem Geistleib, von dem inneren Körper, entfernt.

Liebes Kind, nun werde ich dir von unserem Himmlischen Vater erzählen, von dem mächtigen Schöpfer, der alles geschaffen hat, auch uns.

Unser Himmlischer Vater schuf Sonne, Mond und die vielen Sterne. Er schenkte Seinen Menschenkindern die Erde mit den vielen Tieren, mit den unzähligen Blumen, Pflanzen, Sträuchern und Bäumen und mit den vielen, vielen großen und kleinen Steinen. Die Tiere, Pflanzen und Steine haben alle eine andere Form und daher auch eine entsprechende Aufgabe im großen Plan Gottes.

Alles, was ihr betrachtet und was lebt, gehört unserem Himmlischen Vater, dessen Licht in allen Menschen und in allem wohnt, was lebt.

Die große Liebe unseres Vaters hat uns alles geschenkt, was Ihm, dem großen Gott, gehört. So dürfen wir alles in Liebe aufnehmen und liebevoll pflegen, weil es auch zu uns gehört.

Nicht nur deine Puppe, der Puppenwagen oder der Teddy auf der Fensterbank, nicht nur die Stofftiere oder die Haustiere gehören dir. Alles, was ist, sollst du liebevoll pflegen, weil es auch ein Geschenk des Vaters an dich ist.

Wir wollen jedoch Tiere und Pflanzen nicht besitzen, sondern wir dürfen sie als einen Teil unserer Liebe erkennen, denn so, wie wir lieben, so gehen die Tiere und Pflanzen auf uns zu. Sie strahlen in unser Herz und sagen uns, daß sie zu uns gehören, auch dann, wenn z.B. der Vogel fliegt und weit weg ist. Er strahlt in unser Herz und sagt: „Ich liebe dich." Auch wenn das Tier im Wald ist, fern von deinem Haus oder deiner Wohnung, es strahlt dich an und sagt: „Ich liebe dich." Und je mehr du alle Tiere, alle Menschen, alle Wesen, Pflanzen und Steine liebst, um so näher sind sie dir, weil sie dich anstrahlen und dir sagen: „Du, liebes Menschenkind, wir lieben dich."

Liebes Kind, das ist schön, von allen geliebt zu werden! Das ist aber nur möglich, wenn du alles liebst.

Lieben heißt, den Tieren kein Leid zuzufügen.

Lieben heißt, sich an ihren schönen Farben oder Formen zu erfreuen.

Lieben heißt, sich zu freuen, wenn der Vogel fliegt, wenn die Spatzen zwitschern, wenn die Fische im Wasser Kapriolen schlagen, wenn das Reh in den Wald springt und der Hase über das Feld hoppelt, wenn der Wellensittich singt und die Katze miaut, wenn der Hund laut bellt und die Grille zierlich zirpt – das ist Liebe.

Erfreust du dich an den Blumen, die im Sonnenlicht strahlen, an den Zweigen, die sich im Winde bewegen, an den vielen Formen der Steine, die unbeweglich daliegen oder dastehen, die aber doch leben – mein Kind, das ist Liebe.

Sicherlich hast du auch schon von den Naturwesen gehört, die der Mensch mit den menschlichen Augen nicht sieht. Die Menschen nennen die Naturwesen Zwerge, Gnomen oder auch Elfen.

Meist können die Naturwesen nur die Kleinsten sehen, die Kinder zwischen dem ersten irdischen Lebenstag bis zum dritten Lebensjahr. Hast du jedoch viel Liebe in deinem Herzen und bist du zu allen Menschen, zu deinen Spielkameraden, zu allen Tieren, Pflanzen und Steinen liebevoll, dann kannst auch du die Naturwesen sehen.

Die Naturwesen, Zwerge, Gnomen und Elfen zeigen sich nur den Menschen, die licht und hell sind, den Menschen, welche die Schatten ihrer Seele durchlichtet haben. Alles Reine ist Licht. Auch die Naturwesen, die ja rein sind, sind Licht.

Ist deine Seele also ohne große dunkle Flecken, sind also die kleinen und größeren Flecken auf deiner Seele heller geworden, dann bist du licht und wirst alles sehen, was rein ist. Du wirst also das Licht, Gott, in allen Lebensformen schauen und dich daran erfreuen, wie groß die Liebe deines Vaters ist.

Liebes Kind, so wie es auf Erden Kinder gibt, die von ihren Eltern behütet werden, so gibt es im Reich unseres Vaters, das ja unsere Heimat ist, auch kleine Engel. Es sind Kinder im Reich Gottes, in dem Frieden und Freude ist, in dem nur Liebe strömt.

Liebes Kind, du wirst eine berechtigte Frage stellen, nämlich ob es dort im Himmel auch Eltern gibt.

Nun, das muß wohl so sein, denn wenn es Kinder gibt, dann muß es auch Eltern geben.

Die himmlischen Eltern werden Duale genannt. Duo heißt zwei. Die Menschen sagen Frau und Mann.

Die Duale, Frau und Mann, sind Engelwesen, wie du weißt. Sie werden auch Geistwesen genannt.

Durch die Kraft des Himmlischen Vaters, den wir auch den Vater-Mutter-Gott nennen, werden uns beide Kräfte geschenkt: die stärkende, gebende Kraft des Vaters und die empfangende Liebe der Mutter.

Der Vater ist der gebende Teil. Er ist Beschützer und Hüter der Familie. Die Mutter ist die Empfangende, welche die Liebe des Vaters und ihre Liebe in die Familie trägt, diese umsorgt und das Haus in Liebe bestellt. Liebes Kind, so soll es auch auf Erden sein, in den Familien.

Und wie ist es im Himmel, wo deine ewige Heimat ist?

Die Geistduale, beide, Vater und Mutter, schenken sich ihre reine Liebe. Das Geistdual, wir würden das Positiv, das gebende Prinzip, Vater nennen, umhüllt seine Frau, das empfangende, das weibliche, mit seiner Zärtlichkeit, mit seiner Liebe und Wonne, die gleich der Liebe des Himmlischen Vaters, des Vater-Mutter-Gottes, ist.

Das Geistdual, die Frau, das empfangende, gibt sich ganz in die heilige Strahlung ihres Geistduals, ihres Mannes, in das Männliche also.

Mit ihrer Liebestrahlung umfangen sie sich und verschmelzen in dem einen Wunsch, Gott, unserem ewigen Vater, ein Kind zu schenken. Der Wunsch wird Wirklichkeit. In ihrer Liebestrahlung, in die Verschmelzung der Duale, wird dann ein Naturwesen eingeboren.

Das Naturwesen kommt aus den geistigen Entwicklungsbereichen. Dort hat es in Reservaten gelebt, bei den Pflanzen und Tieren. Du kannst dir die Reservate als große Lichtbereiche vorstellen, ähnlich wie große Gärten. Du hast schon gehört, daß auf Erden die Naturwesen Zwerge, Gnomen oder Elfen genannt werden.

Das Naturwesen im Himmel also, das von dem Strahl eines Dualpaares angezogen wird, empfängt von beiden, vom männlichen und weiblichen Geistdual, die heilige Liebeschwingung, die sich beide schenkten und wodurch sie miteinander verschmolzen sind.

Der Wunsch, Gott ein Kind zu schenken, strahlt auf ein Naturwesen ein. Dadurch verändern sich die noch groben Züge des Naturwesens, die noch Spuren der Entwicklung von Steinen, Mineralien, Pflanzen, Sträuchern, Bäumen und Tieren aufweisen. Das Naturwesen nimmt allmählich kindliche Züge an. Das Antlitz und der Körper werden immer feiner.

Das Naturwesen wird engelgleich. Der Körper wird also strahlend und fein. Die Dualliebe strahlt so lange in das Naturwesen ein, bis daraus ein kleines Geistwesen wird, ein Geistkind, ein Engelkind.

Die Strahlung, welche die Eltern ihrem Kind geschenkt haben, sind die Kräfte unseres Himmlischen Vaters: Seine Geduld, Liebe und Barmherzigkeit. Diese drei Grundkräfte unseres ewigen Vaters bewirken, daß das Naturwesen ein Engelkind wird.

Liebes Kind, auch du warst einst in den reinen Himmeln auf der Bahn der Entwicklung, bis hin zum Naturwesen. Liebevolle geistige Eltern haben dich dann in ihre Strahlung aufgenommen und du wurdest zuerst ein Engelkind und in der weiteren Entwicklung ein ausgereiftes Geistwesen. Du gehörst also auch zu einer geistigen Familie, die dich im Himmel wieder erwartet.

Hast du dein Erdenleben erfolgreich durchwandert, hast du die Schatten auf deiner Seele durch die Kraft der Liebe Christi durchlichtet und aufgelöst, dann wirst du wieder dorthin zurückkehren, von wo du ausgegangen bist, in die Himmel. Hast du die Liebe zu Menschen, Tieren, Pflanzen und Steinen, zu allen Lebensformen wieder entfaltet, – kannst du also alles, was dir begegnet, lieben, – dann wirst du allmählich wieder engelgleich.

Bist du also engelgleich geworden, dann wirst du als Engel wieder unter den Engeln leben, als Geistwesen unter den Geistwesen.

Im göttlichen Reich gibt es keine Entfernungen. Die Geistwesen sind schneller als die Strahlen der Sonne und Planeten. Sie öffnen in sich mächtige Lichtschleusen, die sie in einer Geschwindigkeit von einem zum anderen Ort tragen, die in Worten nicht wiedergegeben werden kann.

Wenn der Mensch einen Gedanken denkt, dann ist es für uns Geistwesen ein langsamer Vorgang – obwohl der Mensch glaubt, der Gedanke wäre schnell, weil so viele Gedanken auf einmal durch seinen Kopf jagen. Doch der Gedanke ist unsagbar langsam im Vergleich zu der raschen Bewegung der Geistwesen hin zu anderen Sonnensystemen und Himmelsebenen.

Auch unsere Sprache, die Sprache der Geistwesen, welche die Urempfindung ist, bewegt sich in einer Geschwindigkeit, die keine Ausmaße kennt. Wir müssen uns also nicht an einem himmlischen Ort aufhalten, um mit den Geistwesen die Urempfindung, unsere Sprache, auszutauschen.

Auf ähnliche Weise, wie es die Geistwesen im Himmel halten, da sie überall in einer unvorstellbaren Geschwindigkeit sein können – oder alles in sich selbst schauen, erleben und durch ihre Strahlung erreichen können, halten sie es auch mit dem Menschen. Der Schutzengel z.B. muß nicht beständig an deiner Seite stehen und mit dir gehen, er kann im Himmel sein. Mit einem Strahlenband, das von ihm zu dir und von dir zu ihm geht, ist er jedoch mit dir verbunden.

Über dieses Strahlenband kann er dich, liebes Kind, in sich schauen und hören: Was du also denkst und sprichst, wie du handelst und lebst, registriert er alles über dieses Strahlenband.

Lauert Gefahr und darf diese nach dem Gesetz von Ursache und Wirkung von dir abgewandt werden, dann lenkt dir der Schutzengel entweder Hilfe durch vermehrte Kraft zu, die über das Strahlenband dir zufließt und die bewirkt, daß du dich sodann schnell aus der Gefahrenzone entfernst. Oder der Schutzengel kommt über das Strahlenband zu dir und steht getreu an deiner Seite, dich mit seinen Strahlen schützend und einhüllend.

Das Strahlenband zu dir ist zugleich die Lichtstraße, auf der sich der Schutzgeist bewegt, um an deiner Seite zu sein.

Wie der Schutzengel mit dir verbunden ist, auf ähnliche Weise sind die himmlischen Wesen, die Geistwesen, mit allen Menschen verbunden, die Gott, unseren Vater, sehr lieben.

Menschen, die Gott sehr lieben, werden auch ihre Nächsten, ihre Mitmenschen, lieben, weil sie wissen, daß in jedem Menschen Gott, die Liebe, wohnt.

Liebst du also deine Mitmenschen und alles, was Gott den Menschen geschenkt hat, die Tiere, Pflanzen und Steine, auch die Sonne, den Mond und die vielen Sterne, dann denkst du himmelwärts.

Der Himmel ist dort, wo die Liebe des Vaters wohnt. Der Himmel ist also in dir und in allen Menschen, in allen Seelen, in allen Geistwesen. Der Himmel, das ist das Innere Licht in allem, das Leben, die Liebe.

Wenn du also immer mehr liebst, dann wird die Liebe, das Innere Licht in dir, immer größer und heller. Dann spürst du immer mehr den Himmel in dir und um dich. Er strahlt in dir, und du bist glücklich. Und er strahlt auch durch dich nach außen.

Menschen, die himmelwärts denken, empfinden nach innen, zu dem Inneren Licht, der Liebe, das in ihren Herzen brennt.

Dadurch wird das Innere Licht immer größer und bestrahlt die Seele und den Menschen. Der Mensch beginnt zu leuchten. Das Leuchten zeigt sich im Wohlwollen und in der Liebe zu allen Menschen, zu den Tieren, Pflanzen und Steinen.

Wer so leuchtet, der ist auch mit der ewigen Heimat verbunden. Er darf sodann, wie wir Geistwesen, in sich selbst alles schauen und erleben, was im Himmel, aber auch auf Erden unter den Menschen geschieht.

Er steht also noch auf der Erde und ist doch im Himmel, weil seine Seele durchlichtet, also himmlisch ist.

Die kleinen Engelkinder bemühen sich – wie die ausgereiften Geistwesen – in Kontakt mit den Menschen zu kommen, die Gott, unseren Vater, über alles lieben und seine Gesetze halten.

Die Gottesliebe ist die selbstlose Liebe. Was ist die selbstlose Liebe?

Der Mensch möchte nicht etwas für sich haben. Er schenkt Liebe in Empfindungen, Gedanken, Worten und Handlungen. Das ist selbstlose Liebe.

Mit diesem Band selbstloser Liebe sind liebevolle, selbstlose Menschen mit den Geistwesen der Himmel und mit dem Vater, der in uns das Licht ist, verbunden.

Auch die kleinen Engelwesen, die Kinder der Himmel, bemühen sich also, mit ihren Geschwistern im Erdenkleid, die selbstlos lieben und im Frieden mit ihren Mitmenschen leben, die das Leben der Tiere und Pflanzen nicht mutwillig zerstören, in Kontakt zu kommen.

Wer also himmelwärts lebt, zu dem kommt der Himmel, der in ihm und um ihn ist. Wer den Himmel in und um sich gefunden hat, ist niemals allein und einsam. Er empfindet und fühlt die lichten Boten und weiß sie bei sich. Seine lichten und selbstlosen Gedanken, Gedanken der Liebe, sind also die Kommunikation, d. h. der Austausch in Gedanken und Worten, mit den Engeln, den Geistwesen der Himmel.

Ich wiederhole: Wer also das Reich der Liebe in seinem Herzen werden und wachsen läßt, wer Tiere, Pflanzen und Steine, alles, was lebt, liebt, und insbesondere die Eltern, die Geschwister, die Großeltern und alle Menschen, der wird immer lichter werden und in das Reich Gottes schauen, in das Licht, das in ihm wohnt.

Liebes Kind, du hast also gehört, daß du nicht nur die Haustiere lieben sollst oder deinen Teddybären, die Puppe und die Stofftiere, daß du nicht nur deine Eltern, deine Geschwister, deine Großeltern lieben sollst, sondern alles, was lebt: alle Menschen, alle Tiere, Pflanzen und Steine, auch die Gestirne am Firmament. Kannst du so lieben, dann bist du engelgleich und mit den Engeln der Himmel verbunden.

Das Gesetz unseres Vaters sagt: Wer selbstlose Liebe schenkt, dem wird auch wieder Liebe gegeben.

Du mußt wissen, liebes Kind, wenn du alle Menschen liebst, auch die Tiere, die Pflanzen und Steine, dann wirst auch du von Menschen, Tieren, Pflanzen und Steinen geliebt werden.

Wenn dich auch die Menschen nicht sofort lieben, weil sie dich nicht verstehen – doch die Zeit kommt, wo sie oder einst ihre Seelen dich verstehen und lieben werden.

Deshalb liebe, und frage nicht, ob dein Spielkamerad dich jetzt schon liebt.

Liebe geben und Liebe empfangen ist das Schönste.

Die Liebe schenkt Kraft und hüllt den Menschen ein. Sie schützt ihn vor vielen Gefahren.

Wenn du die Tiere liebst, dann werden dir auch die Tiere dienen und helfen.

Die Tiere haben ein feines Empfinden, der Mensch nennt die Empfindungswelt der Tiere Instinkt. Mit ihrem Instinkt wittern sie oftmals schon eine Gefahr, bevor der Mensch zu denken und zu vermuten beginnt. Sie bemühen sich sodann, einem liebevollen Menschen klar zu machen, daß ihm Gefahr droht. Mit viel Künsten, der Mensch sagt, durch eigenartiges Verhalten des Tieres, will dieses den Menschen auf die Gefahr aufmerksam machen und ihn von der Gefahrenstelle hinwegführen.

Der Instinkt, von dem der Mensch spricht, ist das Bewußtsein des Tieres.

Größere und reifere Tiere haben eine Teilseele. Diese Teilseele ist das Bewußtsein des Tieres. Es ist also ein Teil aus dem großen Bewußtsein Gott, das dem Tier entsprechend seiner Entwicklung zugeordnet ist und das im Tier empfindet und handelt.

Das Bewußtsein des Tieres ist rein, das heißt also, seine Teilseele ist rein, und kann dadurch die Gefahren, aber auch Freuden und angenehme Dinge registrieren und einem liebevollen, auf das Innere Licht ausgerichteten Menschen übermitteln.

Der Hund möchte dir zum Beispiel helfen. Er bellt und spielt mit dir und versucht, dich so von dem Ort hinwegzuführen, an welchem eine Gefahr droht. Sein Inneres Licht, sein Bewußtsein, hat mit deinem Inneren Licht Verbindung aufgenommen und dich so gesteuert und geführt, daß du dem Hund nacheilst, um mit ihm zu spielen. Auf diese Weise bist du der Gefahr entronnen.

Siehe, auch so wirkt der Schutzgeist. Er kann dich auch über deinen Lieblingshund oder über ein anderes Lieblingstier vor Gefahren schützen und bewahren.

Ein anderes Beispiel: Ein Vogel zwitschert und singt ein wunderschönes Lied. Du hörst ihn, weil dich die Melodie des zwitschernden Vogels in deinem Inneren, in deinem Licht, berührt. Du machst dich nun auf, um den Vogel zu suchen, gehst auf diesen und jenen Baum zu und schaust, wo der kleine Musikant ist. Auf diese Weise können dir das Innere Licht und der Schutzgeist helfen.

Auch ein Vogel kann vom Geist unseres Himmlischen Vaters verstärkt berührt werden. Gott regt die Empfindungswelt des Vogels an und berührt so auch dich auf eine Weise, daß der Vogel singt und du, das Kind des Vaters, zu lauschen beginnst. Unser Vater oder der Schutzgeist geben dir so einen Impuls.

Ein Impuls ist eine Kraft, die bestimmte Gehirnzellen anregt und zum Schwingen bringt. Der Impuls veranlaßt dich sodann, nachzusehen, wo der singende Vogel sitzt. Du gehst dem Vogelgezwitscher nach, suchst also den Vogel, gehst von einem zum anderen Baum, bis du ihn in den Zweigen sitzen und singen siehst.

Auf diese Weise helfen dir Gott, unser Vater, und dein Schutzengel. Sie führen dich durch das Vöglein von einem Ort hinweg, wo dir eventuell Gefahr gedroht hat, so daß du behütet bleibst. Die Führung von dem Geist unseres Himmlischen Vaters und vom Schutzengel durch Tiere, Pflanzen und Steine ist nur dann möglich, wenn Menschen Tiere, Pflanzen und Steine lieben.

Der Geist unseres Himmlischen Vaters ist ja in allen Lebensformen, auch in den Blumen. So kann eine schöne Blume dich anstrahlen. Sie gefällt dir. Du gehst auf sie zu, um mit ihr zu spielen, um die Farbe zu bewundern und an ihr zu riechen, ihren Duft aufzunehmen.

Liebes Kind, auch die Blume kann dich an ihren Standort ziehen, damit du vom anderen Ort, an dem dir eventuell Gefahr droht, hinweggehst.

So schützt die Naturwelt den Menschen, der die Natur liebt.

Ein Tier, das vielen Menschen gefährlich erscheint, wird einem Menschen, der die Tiere und Pflanzen liebt und sich nicht fürchtet, selten etwas zuleide tun.

Tiere empfinden die Liebe des Menschen, aber auch deren Lieblosigkeit.

Fürchtet sich der Mensch vor den Tieren, scheinen sie ihm bedrohlich und gefährlich, dann empfindet das scheinbar gefährliche Tier, daß es dem Menschen überlegen ist, also die Herrschaft über den ängstlichen Menschen besitzt. Das veranlaßt es oftmals, anzugreifen und dem Menschen Leid zuzufügen.

Es ist aber auch möglich, daß der Mensch in diesem oder in einem früheren Dasein einem Tier oder einer Gattung von Tieren Leid zugefügt hat. Das Tier oder die Gattung der Tiere nehmen das in sich auf und handeln entsprechend, wenn der Mensch auf sie zukommt und sie mit seiner Strahlung in Berührung kommen.

Ein Gattungsfeld ist ein Energiefeld, das viele Tiere bestrahlt, die noch keine Teilseele haben.

Eine Teilseele ist ein Teil einer volltentwickelten Seele.

Tiere, die Teilseelen haben, nehmen bewußt Freud wie auch Leid in ihre Seelen auf. Kommt dann der Mensch auf sie zu, der sie einst geschlagen hat – sie erkennen ihn an seiner Strahlung – dann setzen sie sich zur Wehr. Das ist die Schutzreaktion der Tiere, nicht ihre Belastung.

Tiere können sich nicht belasten. Sie empfinden nach dem Gesetz unseres Himmlischen Vaters, der der Schöpfer-Gott der Naturreiche ist.

Menschen können jedoch Tiere belasten, indem sie lieblos und brutal zu ihnen sind. Dadurch pflanzen sie Scheu und Angst in das Tier. Aufgrund dieser Belastung, die von Menschen ausgeht, greift sodann das Tier an.

Liebes Kind, unser aller Vater, der uns unendlich liebt, zu dem wir jeden Tag beten dürfen, läßt euch durch mich, eure Schwester Liobani, sagen: Liebt alle Tiere, Pflanzen und Steine, liebt jeden Menschen, dann werdet auch ihr geliebt werden. Menschen, die lieben, können auch wilde Tiere sanftmütig stimmen und sie als Freunde gewinnen.

Ihr habt nun so viel von Liebe gehört, daß ihr immer wieder fragt: „Was ist eigentlich Liebe?"

Liebe ist einfach Gutsein.

Liebe ist mild sein.

Liebe ist zärtlich sein.

Liebe ist sanftmütig, demütig.

Die Liebe kennt keinen Groll, keine Eifersucht und keine Wut.

Die göttliche Liebe heilt auch, hilft, schützt und befreit.

Mit Liebe im Herzen gelingt uns alles besser. Sie ist wie eine Sonne in uns, hell und warm.

Die göttliche Liebe macht uns froh, heiter und glücklich.

Das alles ist Liebe.

Hingegen: Groll, Wut, Eifersucht, Neid, Haß und Böswilligkeit sind der Gegensatz zur göttlichen Liebe.

Liebes Kind, wie handeln lieblose Kinder, die achtlos durch den Wald und durch Fluren wandern, die nur ihre Haustiere oder ihre Stofftiere lieben?

Sie, die nur sich selbst und ihre nahe Umgebung lieben, gehen über Felder oder durch den Wald, ohne zu denken, daß Gott alles liebt und wir göttlich sind, also ebenfalls alles lieben sollen.

Sie sehen da und dort einen Käfer oder ein anderes Tier, vielleicht eine emsige Ameise. Unwissende und lieblose Kinder quälen solche Tiere, zertreten sie oftmals mutwillig und quälen so eine Ameise oder einen Käfer.

Du mußt wissen, daß jedes Tierlein Schmerz empfindet, so wie auch du Schmerz empfindest, wenn du getreten, geschlagen oder beschimpft wirst.

Wenn ein liebloser Mensch auf dich zukommt und dich mit seinen Füßen tritt und schlägt, so leidest du doch und bist traurig. Es tut dir weh. Oftmals weinst du sogar vor Schmerz, gehst zu deinen Eltern und beklagst dich.

Ähnlich ergeht es auch den Tieren und Pflanzen. Die Tiere z. B. empfinden den Schmerz ähnlich wie du. Das Tierlein leidet also unter der Lieblosigkeit der Menschen.

Nun stelle ich dir die Frage: Wie denkst du darüber? Sprich dich mit deinen Eltern, mit dem Menschen aus, der dir diese wahre Erzählung vorliest.

Denke auch einmal darüber nach, wenn du ein Tier quälst oder ein Tier schlägst und diesen Schmerz empfindest: Wie ist dir zumute, wenn dich dein Schulkamerad schlägt oder an dir Ähnliches oder Gleiches verübt wird?

Wie denkst du darüber?

Besprich es ebenfalls mit deiner Mutter, mit deinem Vater, mit deinen Geschwistern oder mit deinen Großeltern. Auch sie können dir erzählen, wie sie in ihrer Jugend dachten und empfanden, wie sie oft handelten und dann traurig waren, weil sie erkannt haben, daß etwas geschah, das nicht in Ordnung war. Auch sie spürten, wie sich das Gewissen regte, das, wie du nun weißt, von unserem Himmlischen Vater oder vom Schutzgeist angeregt wird, damit der Mensch erkennt: dieses und jenes ist nicht nach dem Willen unseres Himmlischen Vaters geschehen.

Tiere und Pflanzen bitten oftmals. Stumm dulden sie.

Die Tiere sind oftmals sehr traurig, wenn der Mensch sie nicht liebt und verstößt. Liebes Kind, blick in die Augen eines Tieres, insbesondere eines Haustieres, das verstoßen, das von den Hausgenossen nicht an- und aufgenommen ist, welch traurige Augen es hat. Es sieht dich oftmals traurig und flehentlich an und bittet dich mit seinen Augen: Liebe mich!

Auch wenn du ein Tier quälst und schlägst, bittet es dich stumm mit den Augen: „Tue es nicht, es tut mir weh!“ Es fragt dich auch stumm mit den Augen: „Warum schlägst oder quälst du mich?“

Tiere wollen dir auch sagen, daß sie dich lieben und deine Spielkameraden sein wollen. Du sollst an ihnen Freude haben. Dafür sind sie auch da, daß der Mensch sich an der Tierwelt erfreut.

Liebes Kind, das Licht, das in Tieren, Pflanzen und Steinen wohnt, ist das gleiche Licht, das in dir brennt. Das Licht der Tiere, Pflanzen und Steine ist eins mit der großen Strahlung des Schöpfergeistes, der die Naturreiche geschaffen hat.

Wenn der Mensch die Tiere mutwillig quält und tötet, so lieben sie ihn doch, weil sie sich selbst nicht belasten können. Ihr Inneres Licht bleibt gleich groß und eins mit dem großen Schöpferlicht.

Auch die Pflanzen, Blumen, die Gräser, die Sträucher und Bäume sind selbstlos liebende Schöpfungskräfte unseres Vaters, die ebenfalls empfinden, die aber nicht zurückschlagen, sondern dulden und im Dulden den Menschen lieben, ob er sie schlägt oder liebt.

Auch die Steine sind gleichgeartete Empfindungskräfte, die in sich Leben tragen. Das Leben ist Liebe.

Auch der Stein kann sich selbst nicht belasten. Nur der Mensch belastet sich, wenn er lieblos handelt gegen Tiere, Pflanzen und Steine und insbesondere gegen seinen Nächsten, den Mitbruder und die Mitschwester, gegen seine Mitmenschen also.

Die große, selbstlose Liebe der Natur beschimpft nicht den lieblosen Menschen. Sie schlägt nicht zurück. Sie duldet, empfindet jedoch Weh und Schmerz.

Gequälte und geschlagene Tiere schauen erbarmungswürdig und bitten stumm um Verständnis.

Das Pflänzlein, das mutwillig geknickt wurde, fühlt ein Weh, weil es mit allen anderen nicht so leuchten kann, wie es ihm vom Schöpfergott übertragen wurde.

Stumm bitten Tiere, Pflanzen und Steine den Schöpfergott um den Segen für die Menschen, damit diese begreifen, daß auch sie, die Tiere, Pflanzen und Steine leben und sowohl Freud als auch Leid empfinden. Stumm bitten sie, daß Menschen das Licht der Gottheit vermehrt empfangen und durch die Kraft des Lichtes Verständnis erhalten für die Naturreiche.

Liebes Kind, wenn Menschen lieblos sind gegenüber ihren Nächsten, ihren Mitmenschen, und gegenüber Tieren, Pflanzen und Steinen, dann wird das Licht Gottes, der Geist im Menschen, geringer. Die lichte, liebende Flamme in uns wird kleiner. Dadurch nehmen die Schatten in und um uns zu. Es entstehen in unserem Geistleib kleinere und größere Flecken, die das Licht überdecken und die fünf Sinne des Menschen nach außen führen.

Du fragst sicher, was die fünf Sinne des Menschen sind?

Sprich mit deiner Mutter, mit deinem Vater, mit deinen Geschwistern oder mit der Erzieherin darüber und laß es dir genau erklären.

Du hast nun gehört was die fünf Sinne sind.

Blickst du also nur in die Welt, hörst du nur in die Welt, nimmst du nur die äußeren Gerüche der Welt wahr, lebst du nur genüßlich und möchtest du nur Äußeres betasten und alles an dich reißen, ja raffen, was du siehst, dann strahlt immer weniger Licht in deinen Körper, in das Kleid der Seele.

Dadurch gelangt der Mensch in immer größere Gefahrenzonen. Die Gefahren lauern auf ihn und wollen ihm Leid und alles zufügen, was so viele Menschen empfinden, weil sie nicht mehr auf das Licht und den Schutzgeist hören. Sie achten nicht mehr auf das Gewissen, über das der Schutzgeist einspricht, sie achten nicht mehr auf das Gute. Sie lieben nur sich selbst und nicht mehr ihren Nächsten, auch nicht die Tiere, Pflanzen und Steine.

Auf diese Weise beginnt das Innere Licht, immer weniger zu leuchten. Es beginnt zu flackern. Der Mensch wird unruhig und zieht so die Gefahren an, die er durch die Eigenliebe, durch unschöne, häßliche Gedanken, durch Streit und Zank, durch Wut und vieles mehr geschaffen hat.

Die Lieblosigkeit, die vom Menschen ausgeht, fällt wieder auf ihn zurück und wirkt sich an, um und in ihm aus. Er wird unruhig, stolpert, fällt hin, schlägt sich ein Knie auf oder verletzt sich anderweitig.

Es ist auch möglich, daß ein Organ im Menschen zu wenig Licht erhält und dadurch erkrankt. So kommen immer mehr Schicksalsschläge, unangenehme Dinge auf den Menschen zu, die er erdulden muß, weil er nicht auf das Gewissen hört und nicht auf die Führung des Inneren Lichtes.

Schau dich, liebes Kind, in der Welt um. So viele Menschen sind krank, von Sorgen und Leid beladen. Das müßte nicht sein, wenn der Mensch liebevoll wäre, wenn er seine Mitmenschen beachten, ihnen helfen und dienen, wenn er in allem das Leben bejahen, annehmen und auch lieben würde, in den Tieren, Pflanzen und Steinen.

Die Schicksalsschläge wie Krankheit, Not, Sorgen, Qualen, Schmerzen, Unfälle, all das, was der Mensch zu tragen hat, gehen von ihm selbst aus. Er hat sie einst verursacht und noch nicht bereut oder dafür noch nicht Sühne getan, das heißt, zurückgegeben, was er seinen Mitmenschen weggenommen hat. Das geschieht, weil er nur sich selbst liebt und alle anderen Menschen nicht in sein Herz aufgenommen hat, auch nicht die Tiere, Pflanzen und Steine.

Wer von dem Inneren Licht und seinem Schutzgeist geführt und behütet werden möchte, der sollte die selbstlose Liebe entwickeln. Er soll immer weniger an sein niederes, kleines Ich denken.

„Ich“ – „Nur für mich“, so spricht so mancher Mensch.

Er sollte jedoch mehr in Liebe an den Nächsten denken, ihm, so es notwendig ist, Gutes tun, und jedem Käfer, jeder Ameise, den großen und kleinen Tieren Liebe und Achtung erweisen, denn auch sie empfinden Freud und Weh.

Ihr habt nun gehört, daß in allem, was lebt, das Gotteslicht brennt, die Liebe unseres Himmlischen Vaters.

Wer also selbstlos liebt, wird wieder Liebe empfangen und von dieser großen Liebe auch geschützt werden.

Wer liebt, wird im Inneren voll des Lichtes werden, das wiederum hinausstrahlt in diese Welt und das Dunkle erhellt, so daß immer mehr Menschen zur Liebe werden.

Liebes Kind, du hast nun gehört, was Liebe ist und daß rechte, selbstlose Liebe vieles zum Erblühen bringen kann.

Selbstlose Liebe macht nicht nur dich glücklich, sondern auch deine Mitmenschen, denen du Liebe, Verständnis und Wohlwollen entgegenbringst.

Selbstlose Liebe heißt, nicht nur an sich selbst denken, nicht nur sein eigenes Wohl im Auge haben, nicht nur seine Wünsche zu erfüllen – sondern mehr an den Nächsten zu denken: was er benötigt, wie er lebt, wie er empfindet, um ihm dann so zu helfen, wie du es vermagst und wie es für ihn gut ist. Das ist selbstlose Liebe.

Was ist der Gegensatz zu der selbstlosen Liebe, die verständnisvoll, wohlwollend, einhüllend und schützend ist, die befreit, die hilft und die alle Menschen vor Gefahren, vor Not und Krankheit bewahren möchte, die glücklich und zufrieden macht?

Unwissende und lieblose Menschen kennen nur sich selbst. Sie versuchen, alles, was sie sich wünschen, sich mit aller Kraft zu erfüllen. Sie machen weder Halt vor Menschen noch vor den Tieren und der Pflanzenwelt. Sie neiden dem Menschen sein Hab und Gut, der anscheinend mehr irdische Güter besitzt als sie selbst. Unwissende Menschen sind oftmals gehässig und äußern das mit unschönen, lieblosen Worten und Taten.

Lieblose, nur auf sich selbst bedachte Kinder und Erwachsene denken nur an sich und kämpfen in Gedanken, Worten und Taten mit allen und gegen alle, die nicht ihrer Meinung sind oder die nicht tun, was sie wollen.

Weil sie nur an sich denken, achten sie auch nicht das Leben der Tiere, Pflanzen und Steine. Ähnlich, wie sie sich gegenüber ihren Mitmenschen benehmen, zerstören sie auch mutwillig die Natur, quälen und töten Tiere.

Unwissende Kinder und Erwachsene gehen durch Felder, Wiesen und Auen. Ohne zu denken, daß alles lebt und empfindet, schlagen sie mutwillig mit dem Stock das hohe Gras, zerstören dabei Blumen und töten Tiere. Auch Bäume und Sträucher werden oftmals lieblos behandelt. Sie reißen Blumen mitsamt den Wurzeln aus. Sie nehmen eine Handvoll Gras, reißen es gedankenlos aus dem Boden und werfen es beiseite. Auch das reifende Korn, das für den Menschen das Brot ist, wird oftmals gedankenlos behandelt, die Ähren mit dem Stock geschlagen und von den Halmen getrennt.

Du hast nun gehört, liebes Kind, daß alles lebt. Und was lebt, das empfindet, und was empfindet, verspürt Liebe oder Schmerz.

Liebes Kind, solche und ähnliche Grausamkeiten begehen nur unwissende Kinder und Erwachsene, die nicht um das Heilige Licht in der Seele des Menschen und in den Tieren, Pflanzen und Steinen wissen.

Ein wissender Mensch jedoch, der den Himmlischen Vater liebt, wird auch im Gras, in Blumen und Sträuchern, in jedem Tierlein, in allem, was lebt, das Licht Gottes erkennen.

Du weißt nun: Wenn der Mensch mutwillig Tiere zertritt, quält, schlägt, Bäume und Sträucher mutwillig zerstört, Blumen abreißt, dann pustet er beständig an seinem eigenen Inneren Licht. Dadurch wird das eigene Licht immer kleiner, weil der Mensch immer mehr Ursachen schafft, die zu Flecken auf seinem Seelenkleid werden. Er entwickelt gegensätzliche Kräfte, die ihm Leid und Sorgen bringen, nämlich das Leid und die Sorgen, die er anderen zugefügt hat.

Was du Menschen, Wesen, Pflanzen und Steinen zufügst, das kommt wieder auf dich zurück. Wenn du also deinem Nächsten Leid zufügst, ihn beschimpfst und schlägst, dann sind das Ursachen.

Du hast etwas verursacht, das sich in deiner Seele als kleinerer oder größerer Schatten niederschlägt. Das Leid und die Schläge, die du anderen zufügst, wirst du selbst erfahren. Das ist dann die Wirkung auf das, was du verursacht hast.

Liebes Kind, wird durch herzloses und liebloses Handeln dein Licht immer kleiner, so muß es doch auch im Menschen dunkler werden. Was du verursacht hast, kann eines Tages als Wirkung über dich hereinbrechen, weil das Licht in deiner Seele so klein und schwach geworden ist, daß es deinen Körper nicht mehr stützt. Du fällst z.B. hin und tust dir weh, verletzt dein Knie und blutest oder du blutest aus der Nase oder hast eine große Beule am Kopf.

Wenn solches oder ähnliches geschieht, mußt du dich fragen, warum es geschah: Was hast du selbst getan oder gedacht, daß solche Wirkungen dich zu Fall brachten? Warst du vielleicht lieblos? Hast du deine Spielkameraden geschlagen? Hast du sie beschimpft, oder warst du nicht lieb zu deinen Eltern? Was hast du getan, daß dich solches traf?

Du erkennst also, daß dein Himmlischer Vater dich, Sein liebes Kind, nicht zu Boden geworfen hat. Es waren die Ursachen, die du vorher selbst geschaffen hast. Vielleicht hast du deinen Spielkameraden mutwillig geschubst, so daß er hinfiel und sich das Knie wundschlug oder am Kopf eine Beule hatte. Oder warst du lieblos gegenüber Tieren, Pflanzen und Steinen?

Liebes Kind, du mußt also erkennen, daß du durch solche Ursachen immer wieder an deiner Inneren Flamme gepustet hast, bis sie unter Umständen so klein geworden ist und ihr die Kraft fehlte, deinen Körper zu halten. Dadurch bist du hingefallen. Du mußtest also Schmerzen erdulden – die Schmerzen, die du zuvor deinem Nächsten, Menschen, auch Tieren, Pflanzen oder Steinen zugefügt hast. Blutet dein Knie und muß es verbunden werden, so darfst du nun erfahren, wie lange es dauert, bis ein solcher Schmerz nachläßt und die Wunde verheilt ist.

Liebes Kind, schuldig werden Menschen auch gegenüber Pflanzen und Tieren: Wer mutwillig Tiere quält oder die Natur schändet, indem er Blumen abreißt und wegwirft oder blühende Sträucher oder Bäume abholzt, sie also entwurzelt und so das Leben tötet, der fügt der Natur schmerzhafte Empfindungen zu.

Ebenso tun Menschen den Tieren Unrecht. Wer Tiere quält, sie schlägt und mißhandelt, der fügt den Tieren Schmerzen zu. Die Tiere leiden und sind traurig, weil ihre besten Freunde, die Menschen, sie nicht als Kameraden annehmen.

Was der Mensch mutwillig verursacht und nicht bereut, das muß er durchleiden.

Die Tiere, die großen und die kleinen, machen manches wieder gut, was der Mensch im Garten der Natur angerichtet hat. Durch das falsche Verhalten der Menschen sammeln sich z. B. in Wald und Flur, im Wasser und in der Luft viele niederen Kräfte an.

Ohne daß der Mensch es merkt, helfen ihm die Tiere. Manche niedere Kraft wandeln sie um, z.B. die Vögel durch ihren Flügelschlag oder die Pferde durch ihr kraftvolles Galoppieren durch Wälder, Auen und über Berge. Die kleinsten Tierlein, winzige Bewohner im Erdboden, die wir kaum bemerken, wirken unsichtbar Tag und Nacht, um die verunreinigte Erdkrume wieder zu befreien von dem, was nicht hineingehört. Diese Naturputzer für das Erdreich bauen das wieder auf, was notwendig ist, damit der Boden fruchtbar bleibt oder wieder fruchtbar wird – damit darauf wachsen kann, was die Menschen zum Leben brauchen.

Gäbe es keine Tiere, die guten Freunde – es würde bald schlimm um den Planeten Erde bestellt sein, der die Menschen trägt. Dankbar sollte der Mensch sein, daß es die vielen unzähligen Tiere hat. Ohne zu fragen, was sie vom Menschen erhalten, dienen ihm also Tiere, Pflanzen und Steine.

Liebes Kind, mutwillig Menschen beschimpfen, Tiere quälen, das Pflanzenreich schänden, heißt, mit Absicht etwas tun. Du tust es also bewußt, obwohl dein Gewissen dir sagt: „Tue es nicht! Du tust deinem Mitmenschen Unrecht und fügst Tieren Leid zu und Pflanzen Wehempfindungen."

Mutwillig heißt also: Du möchtest Blumen abreißen, du willst Tiere quälen und zertreten, du möchtest Bäume und Sträucher mit einem Stock oder einem anderen Gegenstand schlagen, so daß sie sich bewegen und Blätter, die im Saft stehen, abfallen.

Wenn ich also die Blume und das Tier sehe und meinen Fuß darauf stelle und meine Kameraden aus der Natur zertrete, damit sie nicht mehr atmen können, dann tue ich es bewußt, ich tue es mutwillig.

Liebes Kind, stelle dir vor: Ein großer, großer Riese kommt auf dich zu, hebt sein Bein und tritt mit seinem Fuß solange auf deinen Körper, bis du nicht mehr atmest, bis dein irdischer Leib tot ist. Wieviel Schmerzen und Herzeleid mußt du dabei selbst erfahren, und wie groß ist die Trauer deiner Eltern und Anverwandten?

Was du also nicht willst, daß man es dir zufügt, das füge auch keinem deiner Nächsten zu, nicht deinem Mitmenschen, nicht den Tieren, Pflanzen und Steinen.

Auch die Steine sollst du nicht mutwillig mit dem Fuß zur Seite stoßen. Wenn es unbewußt geschieht, dann wird der Stein keine allzu großen Wehmutsempfindungen verspüren, weil er dir ja dienen möchte. Und er dient dir, damit du deinen Fuß darauf setzen kannst. Doch er möchte nicht, daß du ihn mit deinem Fuß bewußt zur Seite stößt oder aufhebst und ihn brutal und lieblos, ohne zu wissen, daß auch er lebt, achtlos weit wegwirfst.

Die Naturformen spüren, wie du mit ihnen umgehst, ob du es liebevoll und mit Achtung tust. Und du spürst es auch. Achte auf deine Empfindungen.

Liebes Kind, denke auch an die Tiereltern. Wenn eines ihrer Jungen zertreten wird oder wenn Menschen ihnen wehtun oder gar von den Tiereltern wegführen, um es zu töten – wie groß muß doch auch das Weh der Tiereltern und des jungen Tieres sein!

Ähnlich wie Tiere empfinden auch Gräser, Bäume, Sträucher, Blumen und auch das sogenannte Unkraut, wenn Menschen das Leben schänden und bewußt ihre Hand anlegen, um Blumen abzureißen, wenn sie Sträucher und Bäume, die im Saft stehen, abholzen und entwurzeln.

Alles was so tagtäglich wissentlich oder unwissentlich geschieht, läßt das Leben auf der Erde oftmals qualvoll erscheinen und ist für die Tiere, Pflanzen und auch Steine nicht schön.

Liebes Kind, du hast nun wieder einiges über das Leben gehört, daß Tiere und Pflanzen ebenfalls empfinden, ähnlich wie der Mensch. Der menschliche Körper ist noch sensitiver, d. h. empfindsamer als die Körper unserer Freunde in der Natur. Die Nerven des Menschen reagieren auf jedes schöne und unschöne Wort und auf jeden lauten und disharmonischen Ton.

Sind die Nerven des Menschen angespannt, dann wird er aggressiv. Diese Aggressivität nenne ich Disharmonie. Ist der Mensch also in Disharmonie, so kann er nicht in Harmonie sein, also ausgewogen, liebevoll und freundlich.

Der disharmonische Mensch, der aggressive Mensch, ist der zerstörerische Mensch, der alles zunichte machen möchte, was seinen Vorstellungen und Meinungen nicht entspricht. Er will sich selbst behaupten und will von seinen Mitmenschen Anerkennung und Bestätigung erhalten.

Der harmonische Mensch ist der entspannte Mensch, dessen Nerven ruhig und ausgewogen sind. Er ist liebevoll, verständnisvoll, geduldig und barmherzig. Es ist der Mensch auf dem Weg zum Reiche Gottes, das unsere ewige Heimat ist.

Wer ausgewogen ist, wer entspannte Nerven hat, wer also harmonisch ist, der ist friedvoll und glücklich. Er kann auch seinen Nächsten glücklich machen, die Eltern lieben, die Mitmenschen achten und schätzen und auch ihnen Liebe entgegenbringen.

Ausgewogene, harmonische Menschen sind sensitiv, d.h. sie empfinden, daß Tiere, Pflanzen und auch Steine leben. Diese Empfindung ruft in ihnen Achtung vor dem Leben ab, so daß sie mit Tieren, Pflanzen und Steinen sorgfältig umgehen und die Natur als den Freund betrachten, der ihnen wohlgesonnen ist, und ihn aufnehmen.

Du hast nun gehört, daß Tiere, Pflanzen und Steine leben. Was lebt, empfindet.

Wenn du auch zu deinen Übernächsten – wir nennen die Tiere, die Pflanzen und die Steine unsere Übernächsten – liebevoll bist, in ihnen das Leben erkennst, nicht etwas Totes, und das Leben achtest, daß man dieses nicht schlägt, abreißt, wegwirft oder gar stoßen darf, dann wirst du glücklich werden und auch glücklich bleiben.

Liebst du das Leben in deinem Nächsten und in deinem Übernächsten, in allem, was um dich ist, was du siehst und nicht sehen kannst, dann wirst du von allen Lebensformen geliebt werden.

Ich stelle dir nun eine Frage:

Immer wieder sehe ich, wenn Freunde miteinander spielen, daß sie sich oft zanken und streiten. Warum tun sie das?

Beantworte du es dir selbst und auch dem lieben Menschen, der dir diese wahre Erzählung vorliest.

Denke auch darüber nach, wenn es Streit und Zank gibt, daß der eine vom anderen möchte, daß er das tut, was er selber möchte. Der Streit und Zank ergibt sich dadurch, weil jeder Streitende etwas anderes möchte: nämlich nur das, was er selbst will.

Laß deinem Spielkameraden den freien Willen und erkenne seinen Willen an. Wenn er das tun möchte, was er will, dann störe ihn nicht. Laß es ihn tun.

Erkennst du, daß es nicht in Ordnung ist, was er tut, dann darfst du ihn darauf aufmerksam machen, doch ihm deinen Willen niemals aufzwingen. Denn jeder Mensch hat von Gott, unserem Vater, den freien Willen bekommen und muß oftmals über den Eigenwillen geführt werden, der auch Leid und Kummer nach sich ziehen kann.

Du kannst z. B. zu deinem Spielkameraden sagen: „Ich kann deinen Willen nicht bejahen. Ich sehe es anders und will es auf diese Weise tun, will so spielen, wie es mich von innen her drängt. Doch ich will mit dir friedlich leben.“

Übt euch im Gesetz des freien Willens, dann übt ihr euch in der Selbstlosigkeit.

Möchte dein Spielkamerad, daß du seinen Willen tust, dann stelle ihm folgende Frage: „Warum willst du, daß ich nun deinen Willen tue? Ich will auch nicht, daß du den meinen tust. Laß uns zusammen spielen, jeder so, wie er es für richtig hält.“

Liebes Kind, wenn zwei Menschen miteinander zanken und streiten, dann setzen sie häßliche Gedanken und Worte frei, die sie in die Umwelt senden – und eines Tages wieder abrufen. D. h. es kommt auf sie zu, was sie in Gedanken, Worten und Handlungen ausgesandt haben: Positives, Schönes, aber auch Negatives, Unschönes.

Gleichzeitig pustest du an dem Inneren Licht, an der Heiligen Flamme des Vaters in dir. Dadurch wird das Flämmchen unruhig. Es kann oftmals einen Menschen nicht mehr voll ausleuchten. Was dadurch passiert, habe ich dir ja schon erzählt.

Durch unschöne, häßliche Gedanken und Worte, durch Streit und Zank wirst du das Innere Licht nicht mehr nähren, sondern die Flamme geht zurück.

Ihr wißt also, was geschieht, wenn die Flamme in der Seele kleiner wird, wenn es im Menschen dunkler wird. Ihr habt gehört: Wenn der Mensch immer wieder das Innere Licht verkleinert durch äußere unschöne Ausbrüche, dann wird über ihn das hereinbrechen, was er in Gedanken, Worten und Handlungen ausgesät hat.

Was der Mensch sät, das bringt er nicht in die Seele seines Nächsten ein, sondern in seine eigene Seele. Was er über den Nächsten ausgießt, Worte und Taten, das fließt in seine eigene Seele zurück. Was also der Mensch sät, wird er ernten, nicht der Nächste. In ihm selbst geht sowohl die gute wie auch die böse Saat auf.

Die guten Taten bringen Licht und Frieden. Die bösen Taten bringen Leid, Not, Krankheit, Hunger, Unfälle und all das, was in der Welt ist.

Das ist die Saat des einzelnen. Nicht der Nächste hat es in dich eingesät, sondern du selbst.

Wenn du krank bist, wenn du auf den Boden fällst, wenn du dich stößt, das alles ist nicht schön, doch es kommt nicht von deinem Nächsten. Du bist es selbst, der es verursacht hat. Wenn dich dein Nächster zu Boden stößt, dann hast du sicher Gleiches oder Ähnliches verursacht und mußt es nun durchleiden, um zur Erkenntnis zu gelangen, daß du Solches und Ähnliches nicht mehr tun sollst.

Leid muß nur der erleiden, der anderen Leid zugefügt hat.

Schmerzen muß nur der erleiden, der anderen Schmerzen zugefügt hat.

Krankheit muß nur der erdulden, der Ähnliches verursacht hat.

Wer also beständig am Inneren Licht pustet, indem er über seinen Freund, über seine Eltern oder über andere Menschen Unschönes denkt und spricht, der muß es einmal selbst fühlen, wie es ist, damit er sich bessert.

Das Fühlen von Schmerz und Leid ist nicht schön. Schon ein kleiner Klaps vom Vater oder der Mutter geben Anlaß zum Weinen. Warum? Weil der Klaps kurz schmerzte. Das ist nicht schön.

Wenn du also Unschönes in die Welt setzt, wenn du über deinen Nächsten nicht liebevoll denkst und sprichst, dann wirst du es an dir selbst erfahren, an dir selbst wirst du das Unschöne erleben.

Der Herr sprach: „Was du säst, wirst du ernten." Er sagte nicht: „Was du säst, wird ein anderer ernten."

Also: Wenn du Liebe säst, wirst du wieder Liebe ernten. Wenn du Haß säst, wenn du streitest mit deinen Spielkameraden, mit deinen Freunden, dann wirst du das, was du an Worten und Gedanken ausgesät hast, selbst ernten.

Darüber, liebes Kind, denke nach und sprich mit deinen Eltern darüber.

Der große ewige Vater, dessen Geist, dessen Licht in jedem von uns wohnt, ist der Gott der unbegrenzten Liebe. Unbegrenzt heißt: Unser Himmlischer Vater liebt alle seine Kinder gleichermaßen, ohne Ausnahme, ob ein Mensch ein größerer oder kleinerer Sünder ist.

Der größere Sünder kann von Gott weniger Licht empfangen, da er es selbst verringert durch sein falsches Verhalten. Der kleinere Sünder ist dem Inneren Licht näher. Es scheint dadurch auch heller in ihm. Das bedeutet, daß der eine weniger, der andere mehr Lebenskraft erhält, entsprechend dem Denken und Leben des einzelnen.

Die unbegrenzte Liebe, Gott, liebt also alle Menschen und alle Geistwesen gleich. Die Tiere, Pflanzen, Steine und Gestirne, alles, was lebt, wird von Gott ohne Ausnahme geliebt.

Die ewige Liebe, unser Himmlischer Vater, möchte euch alle wieder in Seiner Geborgenheit wissen. Er möchte euch wieder in Seine Arme schließen und euch den großen Frieden schenken, in dem es keinen Streit, Haß, kein unschönes und böses Wort gibt, nur lichte, friedvolle, heilige Empfindungen, also Liebe, Frieden und Geborgenheit.

Du wirst sicher fragen: „Was heißt Geborgensein?"

Es heißt, sich in die Arme der Mutter oder des Vaters zu kuscheln und zu empfinden, daß man geliebt wird.

Auf ähnliche Weise möchte sich auch ein liebendes Kind, das Gott, seinen Himmlischen Vater, liebt und anbetet, in die Arme des ewigen Vaters kuscheln, von dem es weiß, daß Er, der große Geist, es beschützen, behüten und lieben möchte.

Das ist jedoch nur dem möglich, der die Gesetze der Liebe erfüllt und Gott mehr liebt als diese Welt: D.h. daß er statt Haß Liebe sendet, statt Neid Liebe strömen läßt, daß er an die Stelle böser Gedanken Gedanken der Liebe setzt.

Rechte Liebe ist die selbstlose Liebe, die nicht an sich denkt, die alle Menschen liebt, auch die Übernächsten, die Tiere, Pflanzen und Steine, ja das gesamte Leben.

Ihr habt nun gehört, daß in allem, was lebt, das Licht, Gott, die Liebe, ist.

Wer seinen Nächsten nicht liebt, wer Tiere, Pflanzen und Steine, auch die Gestirne mißachtet, also nicht liebt, der kann auch Gott nicht lieben, da Gott in allem ist – Gott, das Licht.

Gott ist in deinem Bruder, in deinem Spielkameraden, in deiner Schwester, in deinen Eltern, den Großeltern, in allen Menschen und in allem, was lebt.

Um Gott, unseren Himmlischen Vater, lieben zu lernen, muß man Ihm Vertrauen schenken. Und Vertrauen gewinnst du nur, wenn du weißt:

Gott, die Liebe, ist allgegenwärtig.

Sie ist da, ja, sie ist dir so nah: Sie ist das Licht in dir, in jedem Menschen, in jedem Tier, in jeder Pflanze, in jedem Stein, in jeder Sonne, in jedem Stern.

In allem, was lebt, ist die Liebe.

Die Liebe ist die Kraft, die deine Finger bewegt, die dich gehen läßt, die dich sprechen läßt, die dich essen läßt.

Jede Bewegung ist das Licht, ist Gott, die Liebe, die Kraft in dir.

Liebes Kind, auch in dem unscheinbarsten, kleinsten Steinchen ist Leben, ist das Licht des Himmlischen Vaters, ist die Kraft, die den Stein zusammenhält, die ihn strahlen läßt.

Alles, was du siehst, strahlt, und alles, was strahlt, ist Leben.

Das Leben ist also Energie, ist Licht.

Das Leben ist auch Melodie und Klang.

So hat jeder Stein seine eigene Melodie, einen oder mehrere Töne, die in der Harmonie, Gott, der Liebe, schwingen.

Hebt einen Stein nicht auf, um ihn wieder fortzuwerfen oder auf einen Gegenstand zu zielen.

Hebt ihn auf und betrachtet ihn. Er trägt auch in sich die Liebe des Himmlischen Vaters. Er lebt. Und was lebt, empfindet und schwingt, ist Melodie, ist Klang.

So empfindet auch der Stein Liebe oder Lieblosigkeit, denn was lebt, empfindet. Der Stein kann dich nicht ansprechen, er kann sich also nicht mitteilen, da er noch nicht so weit entwickelt ist wie du.

Er lebt im großen Entwicklungsbewußtsein, in dem sich Steine und Mineralien zu Pflanzen, Tieren und Naturwesen entwickeln.

Die Entwicklung als Ganzes nennen wir also Entwicklungsbewußtsein. Obwohl die Steine nicht sprechen können, so registrieren sie doch ganz fein deine lieben, selbstlosen Gedanken und Worte oder dein unschönes Verhalten.

Menschen, die achtlos und sorgenbeladen dahingehen, bemerken nicht das feine Leben, die Strahlung und das Licht der Lebensformen, der Mineralien, Pflanzen und Tiere. Nur diejenigen, welche das Licht, Gott, lieben und die Kraft in allem bejahen und auch achten, verspüren, daß auch die Steine leben.

Die Steine sind noch an den Ort gebunden, an dem sie liegen. Sie können sich nicht bewegen, weil sie noch nicht das große Bewußtseinsfeld haben wie du, das in sich die vielen Kräfte der Unendlichkeit, die vielen Lichter, als ein Licht birgt.

Die Essenz des Steines ist also ein Licht in deinem großen Bewußtseinsfeld; das heißt, ein Lichtlein, das zum großen Licht deiner Seele gehört.

Liebes Kind, was du auf Erden betrachtest, was also lebt, Pflanzen, Tiere, Steine, das gibt es auch in der großen Unendlichkeit, weit, weit hinter den vielen Sternen, die du des Nachts siehst.

Dort sind große, ja unendlich große lichte Welten. Dort leben unzählige Geistwesen, die du auch Engel nennst. In diesen großen Reichen der Himmel leben ebenfalls viele Tiere. Dort gibt es auch wunderbare Kristalle, die schwerelos sind. Du würdest einfach sagen: Steine, die kein Gewicht haben. Dort gibt es auch die herrlichsten Bäume, Blumen und Sträucher. Alles ist in ein helles, heiliges Licht getaucht, das himmlische Farben hat.

Die vielen Lebensformen, die du auf der Erde siehst, gibt es in abgewandelter Form auch im göttlichen Reich: schwerelos und lichtdurchlässig, also ohne Schatten.

Du mußt auch wissen, daß es in deiner ewigen Heimat – in die du wieder zurückkehren wirst, wenn du die Schatten deiner Seele überwunden hast – keinen Sturm gibt wie auf dieser Erde, sondern nur ein leises Säuseln des Windes.

Es ist der Geist des Vaters, der alles zart bewegt und durchströmt. Diesen Wind nennen wir auch den Odem unseres Himmlischen Vaters.

In den himmlischen Welten, in deiner ewigen Heimat, gibt es weder Streit noch Neid. Es gibt weder Haß noch Feindschaft und Zwietracht. In unserer ewigen Heimat ist alles friedvoll, und alles ist in Harmonie, weil jedes Geistwesen das Nächste selbstlos liebt und so frei ist und offen für alle Lebensformen.

Die himmlischen Welten sind dir sehr nahe, weil sie das reine, das göttliche, ewige Gesetz sind. Die himmlischen Welten, das Gesetz, Gott, lebt und wirkt in dir. Es ist das Licht des Vaters, Sein Geist.

Dort in den ewigen Himmeln sind auch große, wunderschöne Häuser. Wir können sie auch Bauwerke aus dem Geiste Gottes nennen. Der Baustil der geistigen Bauwerke ist ein ganz anderer als auf dieser Erde.

Die Wohnungen der Heimat sind schwerelos. Sie haben herrliche Formen, z.B. keine Ecken und Kanten. Sie werden von der ewigen Urkraft, von dem Licht unseres Vaters durchstrahlt. Dadurch gibt es in der ewigen Heimat keine Schatten. Es besteht nur Licht aus Seinem Lichte.

In den geistigen Bauwerken wohnen die himmlischen Wesen. Du hast nun gehört, daß wir sie auch Geistwesen oder Engel nennen. Sie leben in großen Familien und fühlen sich mit allen Geistwesen, den Engeln, als große Einheit, da sie sich untereinander sehr, sehr lieben.

Die reinen Wesen, die Engel, leben in der Einheit miteinander. Sie lieben einander so, wie Gott, unser Vater, alle Seine Kinder liebt: rein und göttlich. Alle Wesen der Liebe lieben das Reich Gottes, ihre Heimat, die Gott, unser Vater, für alle geschaffen hat.

Unser ewiger Himmlischer Vater verströmt die große, mächtige Liebe, Sein Gesetz, und schenkt uns allen Seine Kraft und Seinen Frieden.

Die Liebe unseres Vaters durchdringt alle Sterne, durchstrahlt jedes Kind, alle Menschen, so auch deine Eltern, deine Großeltern, deine Geschwister, deine Spielkameraden und Freunde. Das große Licht, die Liebe unseres ewigen Vaters, durchströmt auch alle Tiere, Pflanzen und Steine.

Die mächtige Liebe unseres Himmlischen Vaters kennt keine Grenzen, sie durchdringt alles. Gottes Liebe ist das All, ist die Unendlichkeit.

In der Unendlichkeit, in der Liebe Gottes, sind wir alle geborgen, weil wir alle aus der Liebe unseres Vaters hervorgegangen sind.

Du fragst, woraus die Liebe besteht?

Die Liebe unseres Himmlischen Vaters ist das Gesetz. Im Gesetz der Liebe ist die Ordnung, der Wille, die Weisheit, der mutige Ernst, der mahnt und die Menschen zur Einkehr in ihr Inneres aufruft.

Im Gesetz der Liebe ist auch die unendliche Geduld und Barmherzigkeit unseres ewigen Vaters, die Er mit dir, mit allen Menschen hat. Dadurch finden alle Menschen wieder nach Hause, in das Reich Gottes.

Das Gesetz zerstört nicht. Es ist Liebe. Daher baut es auf. Es führt und belebt.

Auch die Barmherzigkeit ist im großen Gesetz der Liebe. Die Barmherzigkeit ist die Sanftmut und die Demut der Wesen Gottes. Die Barmherzigkeit ist dienend, liebend. Sie ist tragend, beschützend und behütend. Sicherlich habt ihr schon gehört, daß Jesus Christus, der Erlöser der Menschheit, aus dem göttlichen Gesetzesstrahl der Barmherzigkeit zu den Menschen herniederstieg.

Liebes Kind, freue dich, daß auch du ein Kind dieser großen Liebe bist und daß du einst wieder zurückkehren wirst in diese ewige Liebe, in den ewigen Frieden des Vaters. Du mußt auch wissen, daß jeder Atemzug, den du vollziehst, Gottes Liebe ist.

Die vielen Engel, die reinen Geistwesen, atmen ebenfalls den großen Strom. Wir nennen ihn auch den Odem der Liebe.

Alle reinen Wesen, Engel oder Geistwesen genannt, sind glücklich, freudig und zufrieden, weil sie ganz bewußt aus dieser ewigen Kraft, Gott, schöpfen. Weil sie beständig den Willen unseres Himmlischen Vaters tun, können sie auch alle Menschen lieben, sowohl die bösen wie auch die guten. Auch deinen Freund oder deine Freundin, die eventuell gerade zanken und streiten, können sie lieben, weil sie nun mal sowohl in dir wie auch in dem streitenden Freund oder in der zankenden Freundin die Liebe des Vaters schauen.

Werde auch du wieder ein Engel. Liebe deinen Bruder, deine Schwester. Liebe alle Menschen, auch diejenigen, die dich nicht lieben. Dann wirst du wieder engelgleich werden.

Bemühe dich einmal, die Spielkameraden, die dich nicht lieben, zu lieben. Liebe sie von ganzem Herzen, und du wirst plötzlich bemerken, wie frei, glücklich, freudig und zufrieden du wirst.

Liebes Kind, das Glück, die Freude und die Zufriedenheit der Engel überträgt sich auch auf die Tiere in der ewigen Heimat. Weil alles in der strahlenden Liebe lebt, kommen die Engel zu den Tieren und die Tiere zu den Engeln, den Geistwesen.

Die Tiere sind nicht scheu. Sie gehen mit den Geistwesen oder ziehen an ihnen vorbei. Auch aus ihnen strömt Liebe, Friede, Freude.

Das ist schön, findest du nicht auch?

Liebes Kind, deine ewige Heimat ist im Licht. Dort ist nur Liebe. Dort begegnen alle Geistwesen einander wohlwollend, freudig und freundlich.

Mit Recht sagst du: „Ich bin Mensch und kann mir nicht vorstellen, daß ich dort mit einem anderen Körper lebe.“

Doch, liebes Kind, in deinem kleinen Körper ist ein zweiter Körper, ein wunderschöner Körper. Wir nennen ihn den Licht- oder den Geistkörper.

Hast du lichte Gedanken und lichte Worte deinen Mitmenschen gegenüber, lebst du mit allen Menschen in Frieden, bist du nicht zänkisch und streitest du nicht, verwendest du also keine unschönen und bösen Worte, dann wird es in dir immer lichter und heller, und du wirst bald merken, daß du nicht von dieser Welt bist, daß deine Heimat im Licht bei unserem Himmlischen Vater ist.

Du bist jedoch noch Mensch und sollst dich bemühen, deinen Inneren Körper wieder ganz hell und licht werden zu lassen, um einst dorthin zu gehen, wo ich bin, in unsere ewige Heimat.

Liebes Kind, mit Recht fragst du: „Was sind lichte Gedanken und lichte Worte?“

Ein Lichtgedanke ist z.B., wenn du deine Eltern von Herzen liebst oder wenn du eine Blume betrachtest und sie schön empfindest und von Herzen zu ihr sagst: „Auch in dir ist das Licht. Ich pflücke dich nicht. Ich reiße dich nicht ab. Ich bewundere dich. Du bist schön. In dir ist das Licht. In mir ist das Licht. Wir sind eins im Lichte Gottes."

Liebes Kind, wenn du solche selbstlosen Gedanken denkst oder Worte sprichst, dann wird das Licht in dir heller, und das Licht in deinen Eltern oder das Licht in der Blume geht mit feinen Schwingungen auf dich zu. Es strahlt also in dein eigenes Licht ein.

Auch eine liebevolle Handlung, eine selbstlose Geste bewirken, daß das Licht in dir heller strahlt und du lichter und leuchtender wirst.

Eine selbstlose Handlung ist z.B. wenn du bereit bist, ja ganz freudig die Haustür öffnest, um das Kätzchen, das miaut, hinauszulassen, oder das Hündchen, das bellt, in den Garten zu führen. Oder wenn du selbstlos und freudig deinen Eltern, die eben nach Hause gekommen sind, die Hausschuhe holst und ihnen diesen oder jenen Liebedienst erweist. Das ist selbstlose Hilfe, eine liebevolle Handlung.

Liebes Kind, du hast viele Möglichkeiten, mit Menschen, Tieren, Pflanzen und Steinen zu sprechen, um ihnen Liebe zu senden, selbstlos zu empfinden, zu denken, zu sprechen und auch zu handeln.

Wenn du eine Blume betrachtest, sie nicht pflückst oder gar abreißt, wenn du dich daran erfreust, daß sie wächst und blüht, so hat Gott, dein Himmlischer Vater, große Freude an dir. Handelst du so liebevoll, dann wächst in dir das Innere Licht. Es wird in dir lichter und heller.

Du kannst also mit den Tieren des Waldes, des Feldes und mit den Tieren der Luft und zu Wasser sprechen, einerlei, welche Tiere es sind. Ob es die Haustiere sind oder die vielen Klein- und Kleinsttiere im Garten oder auf dem Feld, im Wald, in der Luft. Sie alle empfinden deine Gedanken und Worte.

Deine Gedanken und Worte sind Schwingungen. Diese feinen Schwingungen der Liebe, auch Strahlen genannt, dringen in die feinen Körper der Tiere, Pflanzen und Steine. Sie verbinden sich mit deren Licht und werden zu einer großen Flamme, die auch in dir wächst.

Sprich also mit den Tieren und Pflanzen, auch dann, wenn du glaubst, sie würden dich nicht hören. Sie, die oftmals stumme Diener der Menschen sind, freuen sich über liebe Gedanken und Worte. Wie du gehört hast, senden sie feine Schwingungen aus, die in dein Licht strahlen und dieses vergrößern.

Liebes Kind, in der ewigen Heimat jagt kein Tier das andere. Sie leben in Frieden miteinander und mit den Geistwesen.

Zu Recht wirst du nun die Frage stellen: „Weshalb jagen sich dann die Tiere auf der Erde und sind oftmals sehr böse zueinander?“

Liebes Kind, auch Tiere empfinden und registrieren, ob ihnen die Menschen gut oder böse gesinnt sind. Wir nennen dies die Wahrnehmung der Tiere.

Wenn die Menschen Tiere jagen und töten, dann empfinden sie große Angst vor den Menschen. Durch die Wahrnehmung und durch die Angst nehmen die Tiere auch die Aggressionen der Menschen auf und handeln im Laufe der Zeit ähnlich wie sie. Sie jagen sich gegenseitig und verzehren sich auch untereinander – so wie Menschen Tiere töten und Tiere verzehren. Auch die Angst des Menschen wirkt sich im Tier aus.

Die Angst der Tiere vor den Menschen bewirkt in ihnen Aggressionen, heftige Angriffswut. Dabei greifen sie auch ihresgleichen an, oder sie flüchten voreinander, so wie viele Tiere auch vor den Menschen flüchten.

Liebes Kind, erkennen die Menschen, daß auch die Tiere empfinden und wahrnehmen, dann werden die Menschen in den Tieren ihre Freunde sehen und wieder gut und liebevoll zu ihnen sein und ebenso mit ihnen umgehen.

Das gleiche gilt für die Pflanzenwelt. Auch Pflanzen sind empfindungsfähig und registrieren sowohl das Gute wie auch das Böse im Menschen und seine Gesinnung.

Werden also die Menschen gütiger und liebevoller untereinander und auch zu den Tieren und Pflanzen, und zerstören und töten sie nicht mutwillig, dann werden auch die Tiere friedvoller und zutraulicher werden und untereinander wieder Frieden finden. Auch die Pflanzenwelt wird sodann vermehrt positive Kräfte aussenden, die der liebevoll denkende Mensch aufnimmt und sich dadurch kräftigt und seinen Körper gesund erhält.

Liebes Kind, so wie sich die Menschen zum Guten oder zum Bösen hinwenden, so verhält sich auch das Tier- und Pflanzenreich.

Liebes Kind, als Gott, unser ewiger Vater, die Erde schuf, gab es auf der Erde noch keine Menschen, jedoch große, sehr große Tiere. Die Menschen nennen diese Tiere unter anderem die Dinosaurier und Echsen. Diese Tiere hatten große Rachen und Zähne.

Die Nahrung dieser großen Tiere war in der ersten Zeit ihres irdischen Lebens nicht das Fleisch. Sie verzehrten sich also nicht gegenseitig. Sie ernährten sich vorwiegend von Wurzeln und dem spärlich wachsenden Gras. Mit ihren scharfen Zähnen rissen sie die Wurzeln des Grases nicht heraus. Sie fielen auch nicht über Sträucher und Bäume her, um sie zu zerstören. Mit ihren scharfen Zähnen schnitten sie das Gras ab oder einige Zweige von den Sträuchern und Bäumen. Lag das Wurzelwerk offen, dann trennten sie es mit ihren Zähnen, und was ihnen zufiel, das verzehrten sie. Sie waren nicht aggressiv und angstgeladen, sondern friedvolle Tiere.

Diese ersten Tiere lebten also von Gras und Pflanzen. So wie die Natur sich den Menschen und Tieren schenkt, so schenkte sie sich auch in der damaligen Zeit, als es diese überdimensional großen Tiere gab.

Die gefallenen Geistwesen – wie du ja weißt, sind diese verschattete Lichtwesen – nahmen allmählich Menschenform an. D. h. ihre engelgleichen Körper verdichteten sich immer mehr, deren Verschattung nahm zu und wurde zuletzt ein menschlicher Körper. Der Mensch nennt seinen Körper auch das Fleisch oder den Körper aus Fleisch und Bein.

Wie du jedoch weißt, ist auch Fleisch und Bein eine verdichtete Form, die aus Strahlen besteht, aus dem, was die Seele trägt, Licht oder Schatten.

Ist die Strahlung hell und leuchtend, dann hat der Mensch liebevolle, selbstlose und friedvolle Gedanken, und so spricht und handelt er auch. Ist die Strahlung dunkel, ist der Mensch verschattet, dann sind seine Gedanken voll des Hasses und Neides. Er denkt nichts Gutes, spricht auch entsprechend und handelt so, wie er denkt und spricht.

Durch die Selbstüberschätzung des Menschen, der nur an sich dachte und dadurch seine Seele verschattete, begann er, die Tiere zu jagen, zu töten und zu verzehren. Dadurch wurden die Tiere verängstigt. Sie nahmen Abstand von den Menschen und jagten schließlich jene Menschen, von denen sie spürten, daß sie vor ihnen, den großen Tieren, Angst hatten.

Als der Mensch sich immer mehr von den Tieren absonderte und nicht mit der Natur lebte, sondern die Tiere auch unterjochte, sie schlachtete und das Fleisch zu seiner Ernährung verwendete, begann das Tier, den Menschen zu mißtrauen.

Als dann die Menschen untereinander sich feindselig gegenüberstanden und auch bekämpften, übertrugen sie ihre Aggressionen auf die Tiere. Dann begannen sich die Tiere gegenseitig zu jagen und zu verzehren. Sie wurden Fleischfresser.

Liebes Kind, es gibt keine Tiere, die aus sich heraus böse geworden sind. Sie wollten gern den Menschen in Frieden dienen.

Wenn auf der Erde wieder Frieden sein wird unter den Menschen, dann werden auch die Tiere wieder friedlich werden, und es wird unter den Menschen und unter den Tieren so sein, wie ich es dir von der himmlischen Heimat erzählt habe.

Liebes Kind, so manches konntest du nicht verstehen, doch deine Mutter, dein Vater, deine Großeltern oder deine Geschwister haben dir diese wahre Geschichte vorgelesen. Was dir in Erinnerung geblieben ist und du nicht verstehen konntest, das können sie dir sicher erläutern. Frage sie also über das, was du noch nicht begreifen konntest. Sprich mit deinen Eltern darüber. Dann wird dir vieles klar, und du gewinnst für das große Leben viel Verständnis.

Liebes Kind, höre dir die wahre Erzählung öfter an. Dann werden dir die Details der wahren Erzählung bewußter, und du wirst in deinem Herzen erfahren, daß auch du ein Engelwesen bist.

Du kannst auch deine Eltern bitten, daß sie dir aus der wahren Erzählung immer wieder abschnittweise vorlesen und mit dir darüber sprechen. Dann wirst du Weiteres erfahren, denn deine Eltern sind auch auf dem Weg zum Himmlischen Vater und können dir bei manchen Fragen weiterhelfen, da sie sicherlich geistiges Wissen haben.

Wenn du älter und reifer geworden bist, dann wirst du noch mehr verstehen von dem, was ich dir hier erzählt habe über das Leben, das unser Himmlischer Vater geschaffen hat, dessen Geist das Leben ist.

Halte in deinem Herzen die wesentliche Aussage fest: Unser Himmlischer Vater liebt uns alle gleich.

Er liebt auch die Pflanzen und die Tierkinder.

Merke dir weiter: Alles, was lebt, empfindet und registriert Freude und Leid.

Liebes Kind, bemühe dich, alles, was lebt, zu lieben. Dann wirst du die Liebe deines Himmlischen Vaters in dir selbst verspüren. Du wirst Freude, Frieden und Harmonie empfinden, du wirst gesund und glücklich bleiben, weil Gott, unser Himmlischer Vater, dir in den selbstlosen, liebevollen Empfindungen der Freude, des Friedens und der Harmonie sehr nahe ist.

Wenn du liebst, so wie der Himmlische Vater dich liebt, dann wirst du mit deinen Eltern, Geschwistern, Großeltern, Freunden und Spielkameraden, mit den Tieren des Waldes, des Feldes, der Gewässer und der Luft in Frieden leben.

Dann wird es so werden, wie ich es dir schon gesagt habe: Das Licht wird immer größer, und du wirst immer heller und liebevoller. Dein Innerer Körper, dein Lichtkörper, von dem ich dir erzählt habe, wird reiner und heller, also voll des himmlischen Lichtes.

Wenn die Jahre vergangen sind und dein Körper welk geworden ist, wenn also dein Körper die Reife des Lebens zeigt, wenn deine Haut nicht mehr glatt ist, sondern dahinwelkt wie eine Blume im Spätsommer, dann kommt die Zeit, da dein Innerer Körper, dein Geistkörper, den äußeren, die menschliche Hülle, abstößt. Abstoßen heißt: der welke Leib scheidet hin, wird der Erde gegeben, und die lichte Seele geht zurück ins Vaterhaus.

Wenn das Innerste – du hast gehört, daß das Innerste der Lichtkörper ist – keine Schatten mehr aufweist, sondern nur Licht ist, dann schaut dein Lichtkörper, der du selbst bist, die großen Lichtbahnen, die wie große Lichtstraßen aussehen und in die ewige Heimat zu Gott, unserem Himmlischen Vater, und zu den Geistwesen, führen, die zu uns gehören, die uns lieben, die die Himmel bewohnen. Diese Lichtstraßen, auch Lichtbahnen genannt, führen über die Gestirne hinweg, bis hinein in das ewig große Lichtreich, das weit, weit hinter den Sternen ist, die du am Nachthimmel sehen kannst.

Liebes Kind, dann bist du wieder in den wunderschönen Häusern, in den himmlischen Bauwerken und in den herrlichen Gärten, wo es ewig licht und hell ist, wo Liebe, Frieden und Harmonie walten.

Dort, in der ewigen Heimat, im Himmel, bist du dann mit lichten, liebevollen Wesen, mit deinen Brüdern und Schwestern, auch Engel genannt, beisammen und mit den herrlichen Tieren, mit der leuchtenden Natur und den wundervollen Kristallen.

Dann wirst du auch wieder wissen und in deinem Inneren verstehen, daß nur die selbstlose, ewige Liebe unseres Vaters ewig bestehen kann, daß nur die Liebe des Vaters und die Liebe zu allen Menschen, Wesen, Tieren, Pflanzen und Steinen eine Gemeinsamkeit bildet, die das Licht, Gott, unser Vater, ist. Es ist die Einheit mit dem Göttlichen.

Du wirst wissen, daß die großen Lichtstraßen hin zur ewigen Heimat, zu dem unendlich großen, ewigen Reich der Liebe und des Friedens, nur die Seele wandeln kann, die vom Gotteslicht durchdrungen ist, die im Menschenleib liebevoll, freudig und harmonisch lebte. Nur die Seele, die Gott über alles liebt und ihren Nächsten wie sich selbst, die Tiere, Pflanzen und Steine liebte und darin das Walten unseres ewigen Vaters erkannt hat.

Auf dieser großen Lichtstraße kann nur der Innere Körper wandeln, nicht der Mensch. Und das ist auch nur möglich, wenn du im Erdenkleid als Mensch liebevoll und selbstlos gewesen bist, wenn du als Mensch alles inniglich liebtest, keine bösen Worte mehr ausgesprochen hast und keine dunklen Gedanken mehr hattest – dann wird einst deine Seele die großen Lichtstraßen schauen und darauf wandeln.

Du hast also gehört, daß der Innere Körper nur dann wieder zu diesem wunderschönen leuchtenden Lichtkörper werden kann, – der die Lichtbahnen schaut und in die ewige Heimat wandelt – wenn er wieder rein ist, also makellos, ohne Schatten.

Merke dir gut, liebes Kind: Es wird nur hell in dir, wenn du deine Mitmenschen liebst, wenn du deine Feinde in dein Herz aufnimmst und alles zerliebst, was sie sagen oder tun.

Zerlieben heißt, ihnen zu vergeben und in ihnen auch das Gute zu sehen, denn jeder Mensch hat auch Gutes in sich.

Wenn du nicht mit dem Stock durch die Wälder und Felder gehst, die Bäume schlägst, den Blumen den Kopf abhaust, wenn du die Tiere nicht mutwillig tötest, sondern mit allen in Einheit lebst, wenn du alles liebst und in jedem einzelnen das Licht des Himmlischen Vaters schaust, dann wirst du auch in das Reich Gottes, in deine Heimat, zurückkehren.

Liebes Kind, nun habe ich dir einiges aus dem ewigen Leben berichtet. Es gäbe noch viel zu sagen, noch viel, viel zu erzählen. Alles jedoch kannst du heute nicht verstehen. Später, wenn du älter geworden bist, dann wirst du mehr verstehen und in dich aufnehmen können, denn die Weisheit Gottes ist unendlich und allumfassend.

Bist du älter geworden, dann wird dich sicher deine Mutter, dein Vater oder deine Großeltern in wieder tiefere Weisheiten Gottes führen und dich eine weitere wahre Erzählung hören lassen, damit du deinen ewigen Vater, der im Himmel lebt und dessen Licht in dir ist, über alles lieben lernst.

Liebes Kind, ich begebe mich nun wieder auf die Lichtstraße, um zu den ewig lichten himmlischen Welten zu gehen, denn ich habe keinen Erdenkörper.

Mein Körper ist der vollkommene Lichtkörper, den auch du einst wieder haben wirst. Durch einen Erdenkörper, durch die Prophetin des Herrn, habe ich zu dir gesprochen, weil meine Sprache das Licht ist, die Liebe. Ich brauche also ein Instrument, damit du mich verstehen kannst, weil ich ja nicht deine Sprache, die Sprache dieser Welt, spreche.

Damit du mich verstehen kannst, nahm ich ein Instrument, einen Menschen, den Gott Seine Prophetin nennt, der das Sprachrohr des Unendlichen ist. Durch die Prophetin des Herren sprach ich hindurch und habe mit deinen Worten geredet, damit du mich verstehen kannst.

Nun gehe ich die Lichtstraße entlang. Ich wandle hinweg über Sterne und Milchstraßen, bis in das ewige lichte Reich, das voller Liebe und Frieden ist. Dort ist alles in Harmonie, dort ist mein Zuhause.

Nun verabschiede ich mich von dir, liebes Kind.

Ein andermal werde ich wieder über das große Lichtreich erzählen, über unseren Himmlischen Vater, den wir so sehr lieben und der uns über alles liebt.

Bist du älter geworden, dann werde ich auch über den sogenannten Tod sprechen, daß es in Wirklichkeit gar keinen Tod gibt, sondern ein Ausziehen des äußeren Kleides, das wir auch den Menschen nennen. Das kannst du heute noch nicht verstehen. Später jedoch, wenn du älter geworden bist, wird es dir bewußter, also klarer werden, du hast dann dafür mehr Verständnis.

Ich bitte das ewige Licht in uns allen, daß es die Erdenkinder, alle Menschen und die vielen, vielen Tiere und Pflanzen in ihrer Vielfalt segnet und daß auch jedes Steinchen gesegnet sei.

Insbesondere bitte ich Gott, das ewige Licht in uns, daß Er dich, mein Geschwister, segnet, das mir zugehört hat, damit auch du vollbringst, was Gott, unser Vater, durch mich, Liobani, dir offenbaren ließ.

Mit inniger Liebe und Verbundenheit verabschiede ich mich, jedoch nur im Wort.

In Gottes Liebe bleiben wir verbunden.

Gott zum Gruß, mein liebes Kind.

Mein Geschwisterlein, sei tapfer!

Du bist ein Bewohner des Universellen Reiches, welches das Reich Gottes ist.

Amen

DAS WIRKEN DES GEISTES GOTTES DURCH SEINE PROPHETIN IM UNIVERSELLEN LEBEN

Das unermeßliche geistige Universum, das unsere materielle Seinsebene mit einschließt, ist getragen und erfüllt von dem einen universellen Geist, der alles hervorbrachte, von dem allumfassenden, absoluten, höchsten Bewußtsein, Gott.

Gott, das Gesetz, ist ewig strömende Liebe. Gegen den Strom des Lebens haben wir, die wir jetzt Menschen sind, uns abgekapselt durch Erstarrung in Ichbezogenheit und menschlich-materiellem Streben. In dieser Begrenzung, in der Gefangenschaft durch unser niederes Menschliches, sind wir nun gebunden – letztlich unglücklich, friedlos und zerrissen.

In dieser Zeit ruft Gott, der Herr, im Prophetischen Wort machtvoll unsere Seelen, die Fesseln abzustreifen und heimzukehren. Sein Wort ist Wahrheit, ist Kraft – Kraft zur geistigen Evolution für alle, die sich erfassen lassen.

Die Kraft, das göttliche „Es Werde", wird jetzt verstärkt im Bereich der Materie wirksam. Zunächst im Menschen selbst, der, ausgerichtet auf Gott, die göttlichen Kräfte des Inneren Lebens wieder mehr und mehr entfaltet. Durch einen vergeistigten Menschen, der in seinem Empfinden, Denken und Handeln die hohen Prinzipien des Lebens verwirklicht und erfüllt, wirkt sodann Gott.

So baut sich das Universelle Leben auf, im Inneren wie im Äußeren. Es ist das Reich Gottes auf Erden, das Friedensreich Christi, das im Sichtbaren in Erscheinung tritt.

Damit es auf Erden werden kann wie im Himmel, darf nicht menschlicher Eigenwille das Seine suchen und hervorbringen. Damit sich in uns, für uns und durch uns Gottes Wille vollziehen kann, offenbart Er Seine Wahrheit, Seine Weisheit und Weisungen über den Mund und das Bewußtsein der Gottesprophetin, Seiner Prophetin der Gegenwart.

Über das Prophetische Wort erreicht uns Christus auf der Kommunikationsebene menschlicher Sprache. Er berührt uns und erweckt in uns das Bewußtsein unseres göttlich-kosmischen Ursprungs. Er erweckt die Sehnsucht nach dem geistigen Leben in Reinheit, Vollkommenheit, Harmonie und Einheit und zeigt den Weg, wie wir es in uns wieder erschließen.

In einer Fülle von Offenbarungen schenkt uns der Herr alles, wessen wir bedürfen, um uns selbst zu erkennen, zu entwickeln und friedvoll, frei und liebevoll zu werden, damit sodann Friede, Freiheit und Einheit auf Erden werden können. Vieles muß geschehen, damit immer mehr Menschen aus der Unwissenheit und Blindheit erwachen, zu Meistern ihres Lebens werden und zu Umgestaltern dieser Welt.

Der ewige Geist klärt auf, lehrt und schult. Er mahnt, ruft, ermutigt und entzündet das Licht des Inneren in manchem von uns, die Strahlkraft unseres urewigen göttlichen Wesens. Der Aufbau, die Struktur und jede Aktion im Universellen Leben erfolgen auf den Rat, den Wunsch und Willen des Herrn. Der große Geist, Gott, gibt durch das Prophetische Wort Hinweise und detaillierte Anweisungen, Er plant und sorgt. Die Christusfreunde setzen es im Sichtbaren um durch den Einsatz der Kräfte, die wiederum Gott, unser ewiger Vater, schenkt, durch die Mittel, die Er uns zur Verfügung stellt, durch Seine Führung bei jedem Schritt.

Gott ist mit uns. Das Universelle Leben ist Sein Werk. Es ist geprägt, erfüllt und getragen von Seinem Geiste. Er trägt, stützt und fördert, was Seinem Willen, Seinem Gesetz entspricht. Sein Gesetz ist die Liebe. So ist das Universelle Leben bestimmt von der bewußten Annäherung an das höchste Prinzip, die selbstlose Liebe, der alle Macht und Kraft innewohnt, das göttliche, bewußte Sein.

Die Voraussetzung für das kraftvolle Wirken des Gottesgeistes im Universellen Leben ist, daß Er sich eines kraftvollen Instrumentes bedienen kann, das den Strom des Heiligen Geistes in Worte transformiert, die menschlichen Ohren vernehmbar sind. In der Prophetin setzen sich die göttlichen Lichtimpulse in die menschliche Sprache um. Damit der Mensch das Licht empfangen kann, muß sein Inneres lichtvoll sein. Der Herr entwickelte in Jahren intensiver geistiger Schulung das Bewußtsein der Prophetin bis zum Gipfel mystischer Vollendung. Seitdem stehen in ihr alle Kräfte Inneren Lebens dem Herrn zur Verfügung. Gott offenbart sich über die gesamte Skala Seiner Wesenheiten und Eigenschaften durch ihren Mund im direkten Wort, da sie in sich alle Bereiche des Bewußtseins erschlossen hat.

Die Prophetin ist der Kanal, über den das Wort des Herrn zu uns kommt: in mündlich gegebenen Offenbarungen und in schriftlich niedergelegten Texten, die als Schriften, Broschüren und Bücher veröffentlicht werden. Wir erhalten ein umfassendes und tiefes geistiges Wissen unmittelbar aus der Quelle der Wahrheit, auch über die Situation und Zukunft unseres Planeten.

Jesus Christus und Sein Diener, der Cherub der Göttlichen Weisheit, belehren uns auch über das rechte Denken und darüber, wie wir in Harmonie mit den Kräften des Lebens gelangen, die uns Gesundheit, Dynamik und Freude schenken. Durch Offenbarung wird uns der christlich-mystische Schulungsweg in allen Stufen und Schritten gelehrt, unmittelbar, vollständig und jedermann zugänglich.

Angesichts der Vielfalt und Fülle dessen, was Gott-Vater, Gott-Sohn und der Gesetzeshüter der Göttlichen Weisheit, Bruder Emanuel, über die Prophetin offenbaren, ist schon der Umfang, die Größe ihres Bewußtseins andeutungsweise zu ermessen, denn der Gottesgeist vermag nichts durch sie zu geben, das sie nicht zuvor durch Reinigung und Läuterung dieser Bereiche in sich selbst weitestgehend erschlossen hat. Der Reichtum an Weisheit, aus der unsere Schwester Gabriele schöpft, wird dem vollends deutlich, der miterlebt, wie sie in geistigen Schulungen und Gesprächen, aus dem höchsten Bewußtsein schöpfend, lehrt; so wie sie die Aufgaben des

Inneren Weges darlegt und nahebringt, wie sie das göttliche Gesetz darlegt – alles in allem die ewige Wahrheit in vielen Facetten darbietet und erklärt.

Wer Gabriele zum ersten Mal begegnet, sie zurückhaltend, freundlich erlebt, wird kaum ahnen, welche Kapazität des Geistes er vor sich hat. Ihre Aussagen sind von höchster Kompetenz. Ihre wahre Tiefe und umfassende Gültigkeit kommt so manchem erst bei späterem näheren Hinsehen und bei der Anwendung zum Bewußtsein.

Die Prophetin erfaßt in einem Augenblick den Bewußtseinsstand ihres Nächsten, sieht, was dieser wirklich denkt und empfindet – ungeachtet dessen, was er spricht und im Äußeren zum Ausdruck bringen möchte. Sie weiß seine Probleme, auch jene, die diesem Menschen selbst noch verschleiert sind. Sie weiß auch deren Ursachen, weiß also, warum er sie hat. Aus dieser tiefen Erkenntnis ihres Nächsten vermag sie ihm wirkungsvoll aus geistiger Sicht zu raten und zu helfen, nach den Gesetzen des Ewigen zu leben. Unsere Schwester, Gabriele, gibt ihm aus der göttlichen Weisheit genau das, was er zur Zeit verarbeiten und verkraften kann, nicht mehr und nicht weniger. Oft besteht die Hilfe in Denkanstößen und Fragen, die den Nächsten, der an sich arbeiten und sich entwickeln möchte, zur Selbsterkenntnis führen. Unsere Schwester gibt aus ihrem Bewußtsein, das dem des Geistwesens in ihr gleichkommt, Darlegungen und Erklärungen des Gesetzes, angewendet auf die jeweilige Frage, auf die jeweilige Situation und auf die Erfordernisse des Augenblicks.

So wirkt Gott, der Herr, durch Seine Prophetin nicht nur dadurch, daß sie Sein Wort an uns weitergibt, sondern Er wirkt ebenso über ihr Bewußtsein, das erfüllt ist von der höchsten Schwingung und Kraft, der Kraft des allgegenwärtigen, allweisen Heiligen Geistes, dessen Impulse durch sie fließen und durch sie zum Ausdruck kommen.

Diese einzigartige geistige Aufbereitung und Schulung, direkt, umfassend und mit dem ständigen lebendigen Bezug zu dem, was sich im menschlichen Bereich an Erscheinungen und Veränderungen und Entwicklungen zeigt, ist uns gegeben vom Himmlischen Vater, ermöglicht durch die Lehrprophetin der Endzeit.

Das Leben der Prophetin ist selbstloses Dienen. Dem höchsten, absoluten, vollkommenen Bewußtsein, Gott, ist sie bewußt verbunden. Zugleich dient sie ihren noch verschatteten, belasteten und durch Ursache und Wirkung gezeichneten Brüdern und Schwestern und ist ihnen nahe. So ist also die Prophetin des Herrn mit Gott, dem Geist unseres Himmlischen Vaters, eins – aufgrund ihres Bewußtseins – und bewegt sich dadurch auch in der heimatlichen, reingeistigen Schwingungsebene. Aufgrund ihres geistigen Lehramtes ist es zugleich aber auch ihre Aufgabe, sich all dem zuzuwenden, was noch nicht rein, noch nicht höchstschwingend und vollkommen ist. Wer bedenkt, daß sie überdies ständig den versteckten und offenen Angriffen derer ausgesetzt ist, die das Prophetische Wort sowie das wiedererwachte Urchristentum bekämpfen, mag ahnen, wie hart die Spannungen innerhalb des Kräftefeldes sind, in dem diese Frau zu leben hat. Ohne sie erhielten wir auch offenbarte Schilderungen unserer ewigen Heimat nicht, wie diese hier vorliegenden Belehrungen des Lehrengels Liobani für unsere Kinder.

Ohne den enormen göttlichen Kraftzustrom, der all denen zufließt, die sich auf den Inneren Weg, den Weg des Kampfes mit ihrem eigenen niederen Ich gemacht haben, könnte das Reich Gottes auf Erden nicht erbaut werden. Aus der Kraft der Menschen allein würde nichts Göttliches sich im Materiellen manifestieren können.

Diejenigen unter uns, die den Christus-Gottesgeist im Prophetischen Wort erkannt und seinen Ruf: „Folge Mir nach!“ vernommen haben, sind bestrebt, ihr Empfinden, Denken und Handeln zu läutern und zu veredeln. In diesem beständigen Kampf haben sie Christus an ihrer Seite.

Die Gemeinschaft der Geschwister, der Brüder und Schwestern, die Christus im Streben auf dem Inneren Weg und in der Tat nachfolgen, wird zur großen Einheit Universellen Lebens, in der Er, der All-Eine, als verbindende, dynamisierende, fördernde und emportragende Kraft fühlbar wirkt.

Ist Gott unser Ziel, unser Weg und unser Leben, so wachsen wir, strahlen aus, und unser Tun ist Freude. Dem einzig Guten zu dienen, Ihm die Stunden und Tage zu weihen, das ist erfülltes Leben.

Das Universelle Leben ist das Werk Gottes auf dieser Erde: aus Ihm, mit Ihm – für die große Einheit aller in Ihm.

Die Christusfreunde

UNIVERSELLES LEBEN

Wir leben in einer Zeit größter Veränderungen. Viele geistig aufgeschlossene Menschen spüren, daß eine entscheidende Phase der Menschheitsgeschichte unmittelbar bevorsteht. Die jahrtausendelange Nichtbeachtung der göttlichen Gesetze, der Zehn Gebote und der Bergpredigt wird sich auswirken. Kriege, Naturkatastrophen und Chaos sind angesagt.

Christus möchte uns vor dem Schlimmsten bewahren. Christus verläßt die Seinen nicht. Er hat mit dem Universellen Leben ein Werk aufgebaut, durch das Er, der Sohn des Allerhöchsten, alle Menschen leiten möchte. Er bietet uns Seine Hand an, Seine persönliche Führung!

Im Universellen Leben macht der Herr wahr, was Er vor 2000 Jahren den Seinen sagte: „Ich hätte euch noch viel zu sagen, doch könnt ihr es jetzt noch nicht fassen. Wenn aber der Geist der Wahrheit kommt, wird Er euch in die volle Wahrheit führen.“ (Joh. 16, 12)

Christus schenkt uns heute durch Seine Prophetin nicht nur Einblick in die Vorbereitungen für die Neue Zeit, die Zeit des Geistes, deren Kommen durch viele Propheten der vergangenen Jahrtausende vorhergesagt wurde, Er möchte uns auch sicher in diese Zeit führen. Er möchte uns aus der geistigen Umnachtung, aus unserer Ichbezogenheit, in die Freiheit der tiefen, geistigen Erkenntnis führen, die wir durch die Verwirklichung und Erfüllung der göttlichen Gesetze erlangen. Diese Freiheit bringt uns die selbstlose Liebe, die Wahrheit, die Weisheit und die strahlende Kraft der dynamischen, christlichen Tat.

Aus der Erfüllung der geistigen Gesetze wird der Menschentyp der Neuen Zeit erwachsen. Dieser Menschentyp, friedfertig, barmherzig und kraftvoll, wird das Reich Gottes auf Erden, den Christusstaat, bewohnen, der sich nach der Zeitenwende weltweit auch im Äußeren zeigen wird.

Jetzt schon werden die Fundamente für den Christusstaat nach den Anweisungen des Geistes errichtet. Durch Menschen, die das Reich Gottes in sich erschlossen haben und erschließen, wird das Friedensreich erbaut. Diese Menschen gehen bewußt den Inneren Weg, den Christus und Sein Diener, der Cherub der Göttlichen Weisheit, jetzt im Universellen Leben lehren.

Was sich in dunklen Wolken am Horizont der Zeit zusammenballt, ist die Ernte der menschlichen Saat. Durch diese Ernte wird uns der Sohn Gottes führen, und heil hindurchführen. Er ist der Weg! Wer Ihn als den Weg annimmt, für den gibt es keinen Untergang, sondern den Durchbruch in die Neue Zeit!

Dafür möchte der Herr die Seinen, jeden Menschen, vorbereiten! Dafür schenkte und schenkt uns der Geist Gottes in Christus und Seinem Diener, dem Cherub der Göttlichen Weisheit, Offenbarungen über die Gesetze der Schöpfung. Christus klärt uns auf und ermahnt uns, die göttlichen Gesetze zu erfüllen. Dafür schenkte und schenkt uns der Vater, der Schöpfer allen Seins, Sein machtvolles Ur-Wort.

Die Zukunft hat schon begonnen im Universellen Leben:

Freiheit, Einheit, Brüderlichkeit.

Daraus erwächst die christliche Dynamik für die Neue Zeit.

Die Christusfreunde
im Universellen Leben

Würzburg, im Februar 1986

Göttliche Offenbarungen, gegeben aus dem Geiste Gottes durch die Prophetin des Herrn, G. W.

Gottes Liebe begleitet Dich
Bildband mit 80 Seiten

Wie Du speist und was Du ißt, zeigt, wer Du bist

Was Du denkst und sprichst, zeigt, wer Du bist

Dein Kind und Du
Lebensschule der selbstlosen Liebe
Erziehung der Säuglinge und Kleinkinder im Universellen Leben

Der Christusstaat
Dein Reich komme und Dein Wille geschehe.
Das Göttliche Gesetz für das Weltreich Jesu Christi,
Die Bergpredigt

Menschen der neuen Zeit
ihr Denken und Leben, ihre Sitten und Grundsätze

Die Hierarchie der Meister und das Golgathaopfer

Die Strahlungsfelder – Die Entstehung der Fallwelten und die Zukunft der Menschheit
Eine Offenbarung und eine Prophetie, die die Welt nicht kennt

Die christliche Mysterienschule
Die hohe Schule des Geistes

Der unpersönliche und der persönliche Gott

Vaterworte auch an Dich

Erkenne und heile Dich selbst durch die Kraft des Geistes

Schriften der Prophetin

Inneres Beten
mit Heilgebet. Neubearbeitung

In Harmonie mit dem absoluten Geist, der Quelle allen Lebens

Der Pfad der Liebe zu Gott

Ein ehemals geistig unwissender Mensch auf dem Weg zu Gott
Der Lebensweg der Prophetin im Heimholungswerk Jesu Christi – zugleich ein Erkenntnisweg für alle Suchenden
(Biographie I)

Aus dem Leben der Prophetin Gottes
Weitere Erkenntnisse für alle Suchenden und Wanderer auf dem Pfad zu Gott
(Biographie II)

Der Geist, die Quelle im Menschen
Worte aus der ewigen Quelle.
Lebensweisheiten und Bewußtseinsstützen, die uns das Jahr über begleiten

Selbsterforschtes und Erlebtes
Lebensanweisungen und Hilfen auf der Pilgerfahrt zum Gottmenschen

Mit Gott lebt sich's leichter

Schriften der Christusfreunde

Sie lebt unter uns
Das Denken und Leben der Prophetin Gottes im Universellen Leben

Komm mit in's Licht
Geistige Evolution für Ehe und Partnerschaft

Leben nach dem Tod – Die Reise Deiner Seele

Wiedergeburt
Du warst schon öfter auf dieser Erde
Du wirst wiederkommen

Wiedergeburt und christlicher Glaube

Die Christusfreunde
Menschen der Bergpredigt – ihr Leben und ihr Ziel

Die Frohbotschaft

Heilung durch die Kraft der Gedanken